KB232247

나타
부한
테일즈런너
Tales
Runner
부수한자
9
천재 코믹스

테일즈런너 나타부한 부수한자 9권

발행일 : 2015년 3월 15일 초판 / 2015년 3월 15일 1쇄

발행처 : (주)천재교육

발행인 : 최용준

책임편집 : 박세경, 이미순

기획편집 : 이복선, 안흥식

마케팅 : 김철우

제작 : 황성진

글쓴이 : 이준범

그린이 : 이정태

신고번호 : 제 2001-000018호(1980. 5. 28)

편집 : 02-3282-8512

영업 : 02-3282-1675

팩스 : 02-3282-1717

고객만족센터 : 1577-0902

주소 : 153-801 서울특별시 금천구 가산로 9길 54

홈페이지 http://little.chunjae.co.kr/

ISBN 978-89-269-6677-8 64710

© Smilegate Megaport & Rhaon Entertainment All rights reserved

본 제품의 상품화권은 저작권자와의 계약으로 (주)천재교육에 있습니다.

감수의 글

“하늘 천(天), 땅 지(地), 검을 현(玄), 누를 황(黃)…….”

한자를 무조건 외우기만 하면 이해도 안 되고 어렵기만 합니다. 어떻게 하면 쉽고 재미있게 공부할 수 있을까요? 바로 부수한자를 만화로 배우면 됩니다.

“부수한자 해 일(日)로 만든 한자는 때 시(時), 어제 작(昨)이 있네? 아하~ 해 일(日)은 시간이나 날짜와 관련된 한자를 만들 때 쓰는구나!”

부수한자는 한자의 기본이 되는 것으로, 부수가 같은 한자는 서로 연관된 의미를 갖습니다. 따라서 부수한자를 알면 한자의 의미를 이해하는 데 많은 도움이 됩니다.

한자를 ‘쉽게’ 공부하는 방법에 대한 답이 부수한자라면, ‘재미있게’ 에 대한 답은 누가 뭐라 해도 역시 만화가 아닐까요? 〈테일즈런너 나타부한 부수한자〉의 주인공들과 흥미진진한 모험을 함께하는 사이 많은 부수한자를 저절로 알게 될 것입니다.

많은 어린이들이 이 책을 통해 부수한자를 쉽고 재미있게 공부하여 한자와 친해지기를 바랍니다.

감수자 일동 : 허시봉, 정규돈, 김준영
(전국한문교사모임)

이 책의 특징

1 일거양득(一擧兩得)
: 한 가지 일로 두 가지 이익을 얻음.
이 책 한 권으로 '학습'과 '재미'를 모두 얻을 수 있습니다.

2 박장대소(拍掌大笑)
: 손뼉을 치며 크게 웃음.
테일즈런너와 금동이의 코믹하고 흥미진진한 모험을 함께하며 신 나게 웃을 수 있습니다.

3 파죽지세(破竹之勢)
: 적을 거침없이 물리치고 쳐들어가는 기세.
한자능력검정시험에 자주 출제되는 한자들을 이야기로 구성하여 실전에서 막힘이 없도록 돕습니다.

4 철두철미(徹頭徹尾)
: 처음부터 끝까지 빈틈없고 철저함.
부수한자와 한자의 생성 원리, 한자성어 등 한자의 모든 것을 담았습니다.

나타부한(나타나라 부수한자)!

• 부수한자란?

부수한자는 수많은 한자들 중 공통성이 있는 것끼리 모아 그 부분을 대표하는 글자를 내세운 것입니다. 총 214자이며 한자사전(漢字辭典)에서 한자를 찾을 때 기준이 됩니다. 자기 스스로가 부수여서 '제부수한자' 라고도 합니다.

• 스토리텔링 연상법으로 214자 부수한자 익히기

제부수한자인 해 일(日)은 달 월(月)과 만나 밝을 명(明)이, 잠깐 사(乍)와 만나 어제 작(昨)이 됩니다. 〈테일즈런너 나타부한 부수한자〉는 214자의 부수한자를 재미있는 만화로 담았습니다. 이 책을 통해 주인공과 함께 신 나는 모험을 하면서 자연스럽게 한자를 익힐 수 있습니다.

• 부수한자 마법 나타부한 활용하기

만화 속 인물들이 "나타부한!"을 외치면 부수한자가 나타나고 그 부수한자를 사용해서 부수한자 마법을 쓸 수 있습니다. 빨간색으로 강조한 부분이 부수한자이며, 그 아래에는 한자의 필순을 표기하여 학습에 도움이 되도록 하였습니다.

食 먹을 식 ノ 人 人 今 今 今 食 食 食

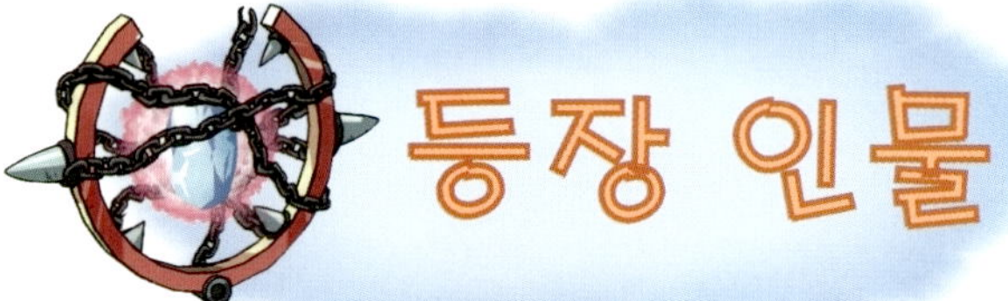

등장 인물

※ 아래 ▮▮▮ 는 캐릭터의 능력을 표시한 것입니다.

금동이

마력	정의감

0   70   100

부수한자 쇠 금 金의 기운을 타고 태어난 선비이며
한대제의 제자이다. 한타지의 모든 선비를 없애고 부수
한자를 독차지하려는 못된 한마황에 맞서 싸운다.

호 야

마력	초스피드 땅파기	한타지 정보 수집

0   30   60   100

금동이가 말썽을 피울 때는 따끔한 충고를 해 주고,
힘들 때는 위로도 해 주는 친구이다. 한타지에 대해
모르는 것이 없다.

한마황

마력	버럭하기

0   70   100

일월오성검을 통해 후천적으로 강력한 부수한자 마법
을 얻었다. 양반 무리의 우두머리이며 한타지를 지배
하려는 야망에 불타고 있다.

나르시스

마력	시도 때도 없이 거울 보기

0   15   100

테일즈런너에서 '미'를 담당하고 있다. 아름다운 외모가
곧 무기라며 어떠한 순간에도 아름다움을 유지하기
위해 노력한다.
※전설의 아이템 : 마음 심 心 거울

한대제

모든 것이 완벽 그 자체

0   100

금동의 스승. 한마황이 일월오성검으로 부수 광석을 봉인하고 한타지를 지배하자 몰래 금동이를 키우며 한마황에게 맞설 준비를 한다.

삼천갑자 동방삭

마력

0   100

세상의 것에 대해 모르는 바가 없으며, 엄청난 부수 한자 마법 능력을 가진 전설 속의 인물. 한대제의 오랜 친구이다.

밍밍

| 마력 | 분위기 파악 못하는 나르시스 날려버리기 |

0   30   100

테일즈런너에서 '귀여움'을 맡고 있으며, 상냥한 말씨와 부드러운 미소를 가졌다. 하지만 한번 화가 나면 걷잡을 수 없는 다혈질이다.

※전설의 아이템 : 기운 기 氣 손목 보호대

러프

| 마력 | 판단력 | 뒤로 달리기 |

0   15   45   100

테일즈런너에서 '냉정함'을 담당하고 있지만 알고 보면 마음 따뜻한 남자이다. 뒤로 빨리 달리기가 특기이며, 빠른 판단력으로 위기 상황을 잘 헤쳐나간다.

※전설의 아이템 : 빠를 속 速 신발

 9권 부수한자

辶	食	巾	土	月	邑	氵	糸	面	气
책받침	먹을 식 7급	수건 건 1급	흙 토 8급	육달월	고을 읍 7급	삼수변	실 사	낯 면 7급	기운 기

手	亻	戶	色	干	灬	心	文	子
손 수 7급	사람인변	지게 호 4급	빛 색 7급	방패 간 4급	연화발	마음 심 7급	글월 문 7급	아들 자 7급

※ 한자의 순서는 책에 등장하는 순서입니다.

 9권 부수한자로 만들어진 한자

辶 책받침	速 빠를 속 6급	巾 수건 건	市 저자 시 7급	土 흙 토	場 마당 장 7급	月 육달월	育 기를 육 7급
氵 삼수변	洞 고을 동 7급	糸 실 사	紙 종이 지 7급	气 기운 기	氣 기운 기 7급	亻 사람인변	便 편할 편/똥·오줌 변 7급
戶 지게 호	所 바/곳 소 7급	干 방패 간	平 평평할 평 7급	灬 연화발	然 그럴 연 7급	心 마음 심	愛 사랑 애 6급
子 아들 자	字 글자 자 7급						

9권 한자성어

소원성취(바/곳 소 所, 원할 원 願, 이룰 성 成, 나아갈 취 就)
▶ '원하던 바를 이루었다.'는 뜻임.

평지풍파(평평할 평 平, 땅 지 地, 바람 풍 風, 물결 파 波)
▶ '고요한 땅에 바람과 물결을 일으키다.'는 뜻으로, 괜히 일을 만들어서 시끄럽게 하는 경우를 말함.

차례

지난 줄거리

나타부한
(나타나라 부수한자)!
8권에서 무슨 일이
있었지?

나르시스 덕분에 동물들이
온순해졌어. 그러자 동물의
장군 카오는 더 강하게
반격하지. 이런 위기
속에서도 금동이는 진정한
일지매가 돼.

결국 카오는
폭발하고, 하늘
고을은 잠시 평화를
되찾을 수 있었어.

생명 나무를
만나게 된
금동이 일행!
어렵게 얻은
생명 나무의 열매로
백 선비님을 살릴
수 있었어.
그런데 지하의
장군 지오는 여기
왜 온 거지? 9권도
너무 궁금한데!
9권 속으로 출발!

프롤로그
촤아아악!
갑자기
이 파리들은
뭐지?
으앙~.
징그러워.
으헥!
촤아아악!

러프!
알았어!
후우
나타부한!
책받침 ㄴ!
빠르게 공격하라!
빠를 속 速!
速 빠를속 一 ㄱ ㅁ ㅂ 申 申 束 東 速 速 速 速

잠깐! 난 너희와 싸우러 온 게 아냐!
거짓말 하지 마!
그럼 이 파리 떼는 뭐야?
앗차차!
나타부한! 먹을 식 食!
파리들 때문에 괴로울 거란 생각을 못했네.
부우우

내 파리들아,
밥이나 먹으렴!
먹을 식 食!
푸항
食
차아아앙
먹을 식 食
이라고?
파리들이
밥으로
몰려들기
시작했어!
헉!
食 먹을식 ノ 入 入 今 今 숩 食 食 食
15

쟤들은 세상에서 밥을 제일 좋아하거든.

밥만 주면 아무에게도 해를 끼치지 않아.

이제 내가 싸울 마음이 없다는 걸 알겠지?
휭~

그런데 넌 누구야?
엄청 웃기게 생겼네.
...리에 왜 똥을...
삐질
저것들이 날 갖고 놀아? 아무튼 이제 본격적으로 시작해 볼까?

흠~.
그러고 보니
소개가 늦었군.

나는 삼장군 중의
한 명인 지하의
장군 지오!

삼장군
이라면…….

그런데…….

식물의 장군
빠오나 동물의
장군 카오와 같은
편이잖아!

전혀 강해 보이지 않는데?
게다가 이상하게 생겼어.
켁~!
휘청
하하~, 보기에 좀 그렇긴 하지.
하지만 난 분명히 삼장군 중 한 명 이라고~.
이 꼬맹이들이! 날 뭘로 보고.
그런데 왜 우릴 공격 하지 않지?
그건…….

*사악(邪 간사할 사, 惡 악할 악) : 간사하고 악함.

너도 한마황의 부하라는 걸 모를 줄 알아?
히익~.
팡
잠깐만요.
선비님?
그동안 어땠는지 모르겠지만, 저 파리가 우릴 공격하려는 것 같진 않아요.
발끈
뭐? 파리?
난 파리가 아냐! 아까 밥 먹으러 간 애들이 파리라고!
비빅
비빅
파리 맞는 거 같은데.

*협상(協 화합할 협, 商 장사 상) : 어떤 목적에 맞는 결정을 위해 여럿이 의논함.

*만화경(萬 일만 만, 華 빛날 화, 鏡 거울 경) : 원통 속에 거울을 넣어 온갖 형상이 대칭적으로 나타남.

巾 수건건 丨 冂 巾　　市 저자시 丶 一 亠 亣 市

찾아야 아

저자 시 市
라고?
저것은 한타지의
고을들이야!
야
야
야
대체 저 지오라는
녀석은 뭐지?
25

소원성취

所 願 成 就

바/곳 **소** 원할 **원** 이룰 **성** 나아갈 **취**

왜 그러셨어요!
하도 물어 보길래…….
우히히! 내가 제일 예쁘다!

소원성취?
소원성취 (所願成就)란 '원하던 바를 이루었다.'는 뜻이에요.
어쨌든 나르시스는 소원성취 했네요.

여자보다도 예쁘다는 소릴 들었으니 소원성취를 한 거죠.
흥! 넌 여자처럼 예쁘게 생겼구나.
맞아! 난 여자 같아!

가만?
여자? 기분이 좀 이상한데?

 老 늙을 로 一 十 土 耂 耂 老 老

*음모(陰 그늘 음, 謀 꾀 모) : 나쁜 목적으로 몰래 흉악한 일을 꾸밈.

場 마당 장 － 十 土 圤 圻 坍 坍 坍 坍 圽 場 場 場

育 기를육 ` 亠 云 云 亠 育 育 育

꿀렁
꿀렁
기를 육育 까지!
크하하!
배신이건 뭐건
해보거라.

마당 장場과
기를 육育만 있으면
날 위한 군사는 얼마든지
만들 수 있으니까!

쳇!
지오 녀석!
크하하!

그냥 이대로
있을 순 없어!

동굴 안

엄청나다!
파리 만화경의
위력이 진짜였어!

이제야
내 능력을
믿겠지?

邑 고을 읍 ' ㅁ ㅁ ㅁ 뮤 뮤 뮤 뮤

촤 아
헉! 정말
한눈에 보여.
모두들 불쌍해.

아앙
아무래도
저 파리의 말이
사실인 것
같구나.
의원님!
이 고을들은
모두 한마황이 지배
하는 곳들이야.

고을 읍 邑
마법으로 이 고을들을 보여 주는 이유가 뭐야?
고통 받는 사람들을 보여 줘서 더 화가 나게 하려는 거지?
아니야! 난 너희처럼 해서는 한타지를 구하기에 시간이 오래 걸린다는 말을 하고 싶었어.
뭐?
보다시피 한타지에는 수십, 수백 개의 고을이 있지.

그중에 너희가 양반을 물리친 고을은 과연 몇 개나 될까? 열 개도 안 돼.

그럼 이 고을들을 전부 구하려면 얼마나 많은 시간이 걸릴까?

그건 상관없어!

그렇지 않아요.
선비님!

저 파리의 말처럼
모든 고을을 돌아다니는 건
무리니까요.
파리가
아니라니까!

그래서?
응?

우리에게 이런
사실을 일부러
알려 주려고 온 건
아닐 테고.

뭔가 할 얘기가
있는 거 아냐?
훗~!

역시 꼬맹이들과는
다르게 눈치가
빠르군.
누구더러
꼬맹이라는
거야?
버럭

너희에게 진짜 보여 주고 싶은 건 이거야.

나타부한! 삼수변 氵!

삼수변 氵을 부수로 해서, 지하 고을의 모습을 보여 줘! 고을 동 洞!

이건 또 뭐야?

洞 고을 동 氵 氵 氵 泂 洞 洞 洞 洞

 *원천(源 근원 원, 泉 샘 천) : 사물의 근원.

지하 고을에서는 한자 마법의 힘을 가진 '부수 광석 목걸이'를 만들지.

뭐?
양반들이 부수한자 마법을 사용하기 위해 목걸이를 갖고 있는 걸 봤을 텐데.

그러고 보니 양반들은 모두 목걸이를 숨기고 있었어!

부수 광석 목걸이가 없으면 양반들은 부수한자 마법을 쓸 수 없어.

즉, 양반들을 하나씩 물리치는 것보다 목걸이 만드는 곳을 부수면 된다는 거지?

제법인데?
맞아!
칭찬은
땡큐~!
야~
정신 차려!

왜 우리에게
이런 정보를
주는 거야?
뜨끔

넌 한마황의
부하잖아.
빠오와 카오의
친구이기도
하지.

그리고
못생겼어.

한마황은 맨날 날 못생겼다고 놀렸고 빠오나 카오도 마찬가지야!

항상 날 파리 같다고 놀렸다고!

그냥 딱 봐도 파리인데

비빅

비빅

이젠 한마황의 부하 따위 때려칠 거야!

뭐?

난 너희랑 친구가 되지 않아도 괜찮아.
다만 너희와 함께 한마황을 혼내 주고 싶을 뿐이야.

음~. 정말일까?

좋아, 너의 제안을 받아 들이지.
선비님!

저 녀석 말대로 부수 광석 목걸이를 파괴하면 한마황은 큰 타격을 받을 거예요.

게다가 저 녀석은 별로 강해 보이지 않아요.
이봐 다 들린다고~
아!

금동 님과 우리가
힘을 합치면 녀석을
충분히 이길 수 있어요.
네!

이제 결정
한 건가?

좋아!

우린 너와
함께 간다.
대신 우릴
배신하면 가만
두지 않겠어!
속고만
살았나~.
훗~!

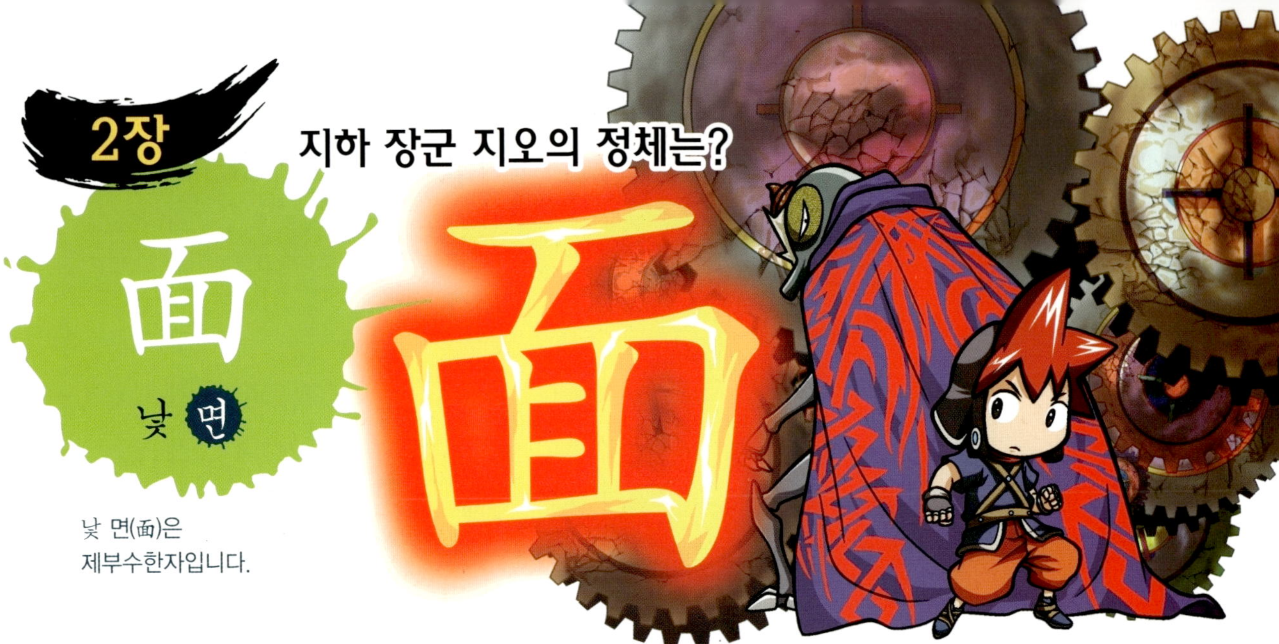

낮 면(面)은
제부수한자입니다.

이봐! 얼마나 더 가야 하는 거야?
조금만 더 가면 돼.

이 언덕만 넘으면 금방이라고.

아까도 언덕만 넘으면 된다고 했잖아!
또 그 말이야! 난 못 가!
얼굴도 따갑고, 땀도 많이 나!
내 피부 어떻게 할 거야!

확 그냥! 조용히 안 따라올래?
펑
지율랑 님이랑 백 선비님 간호나 돕지 그랬어?
으힉!
그건 안 돼.

너희만 위험에 빠뜨릴 순 없잖아?
나르시스!

그럼 그렇지.
그리고 백 선비님이랑 있으면 이상하게 내가 못생겨 보여.
그럴리가 없는데 말야

그런데 괜찮을까?
뭐가?

저 녀석, 아직까진 완전히 믿을 수 없어.
캬 날씨 좋다

아무리 그래도 삼장군 중 한 명이니까.
그건 그래.

그래도 어쩔 수 없어.
백 선비님도 일단 믿어 보라고 하셨고.

어쨌든 저 녀석 말처럼 우리가 모든 고을을 돌아다니며 양반들을 물리칠 순 없으니까.

그런데 지하 고을은 대체 어디 있는 거야?

이러다가 지하 고을도 못 찾고 시간만 낭비하는 거라면…….
다 왔다!

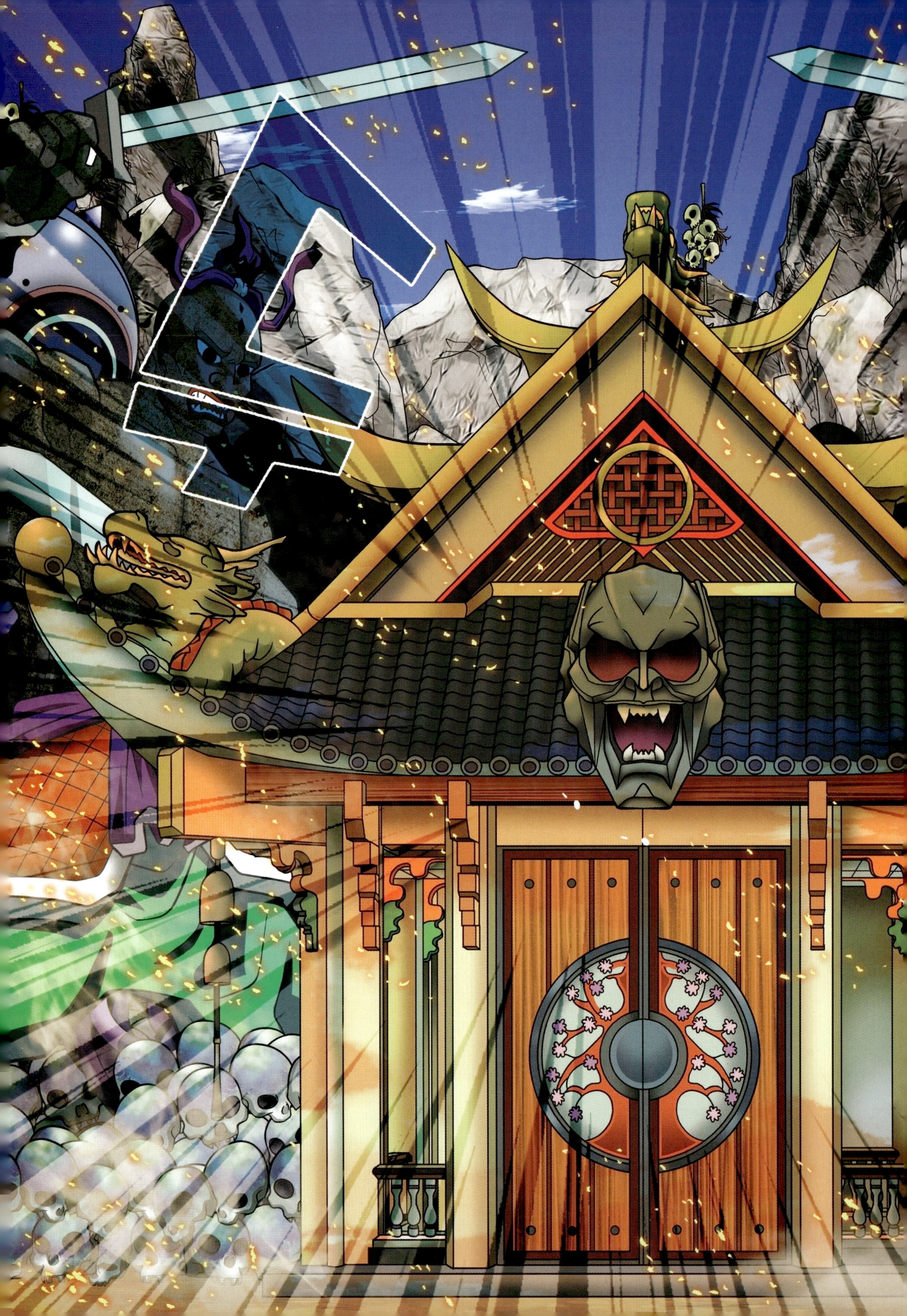

둥
이게 지하
고을의 입구?
우아!
입구부터
무시무시하네!

 *마계(魔 마귀 **마**, 界 지경 **계**) : 악마의 세계.

한마황을 위해
만들어진 지하
고을이니까 그렇지!
우리가 바보인
줄 알아?

한마황의 함정으로
우릴 끌어들이려는
거지?
팍
켁!
오, 오해야!
놔 줘.
지오의 말이
맞아.
켁
켁

한마황을 위해
지어진 곳이라면 무섭게
생긴 게 당연해.

그런가?

뜨끔

만약 지하 고을의
입구가 멋있었다면 오히려
지오를 의심했을 거야.

함정이어도 괜찮아.
비겁한 함정에 질
우리가 아니니까.

응?

오호! 금동인
정말 훌륭한
선비가 될 거야!

그 사이에 굉장히 늠름해졌어.
하지만 함정일 리는 없을 거야. 난 너희와 같은 편이고 싶으니까. 못 믿을 것 같아서 선물을 준비했지.
나타부한! 실 사 糸!
나우웅

아하하! 역시 선비의 용기란 대단하구나!

糸 실 사 ´ ⺊ ⺌ 彑 糸 糸

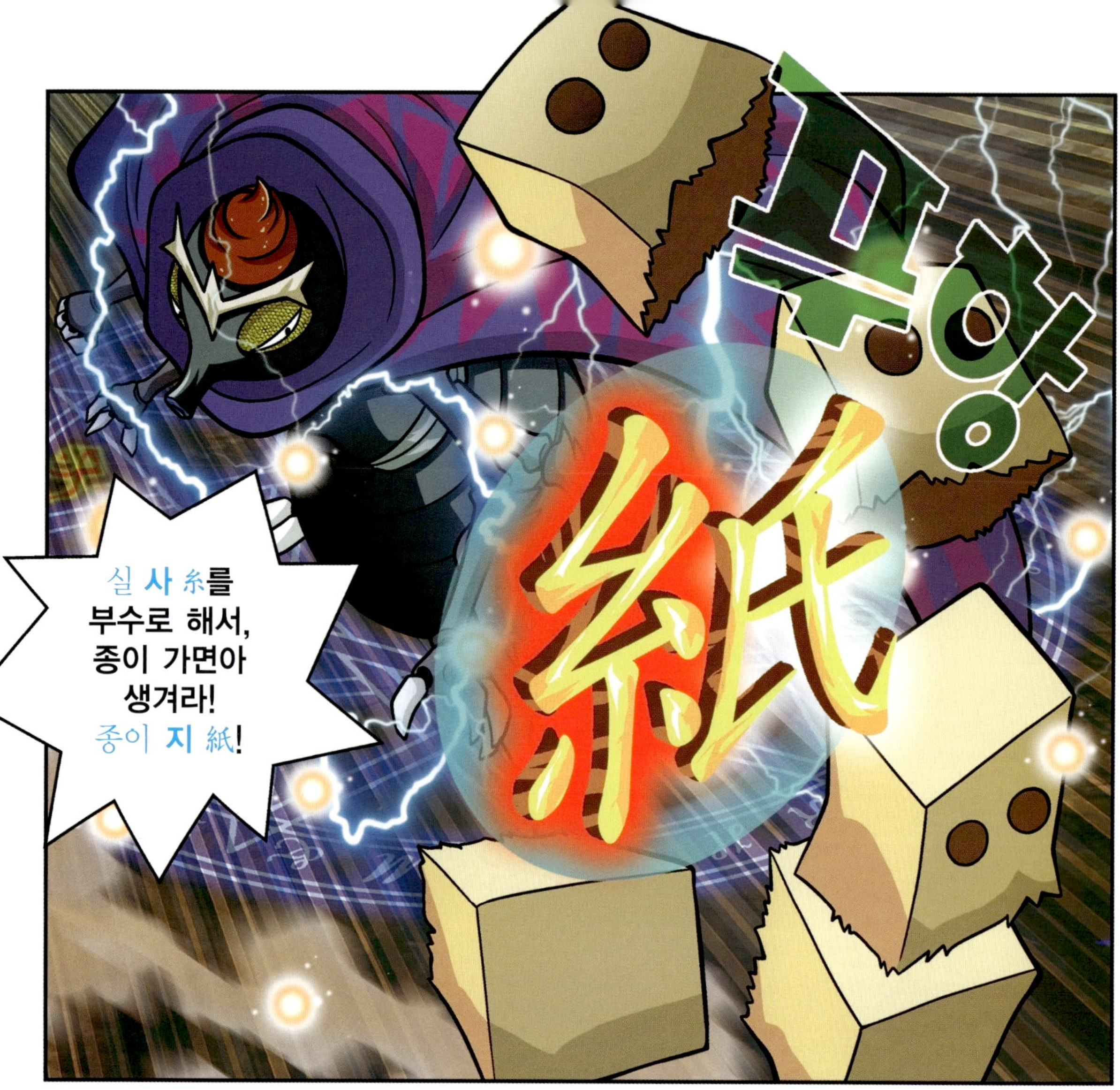
콰앙
紙
실 사 糸를 부수로 해서, 종이 가면아 생겨라! 종이 지 紙!

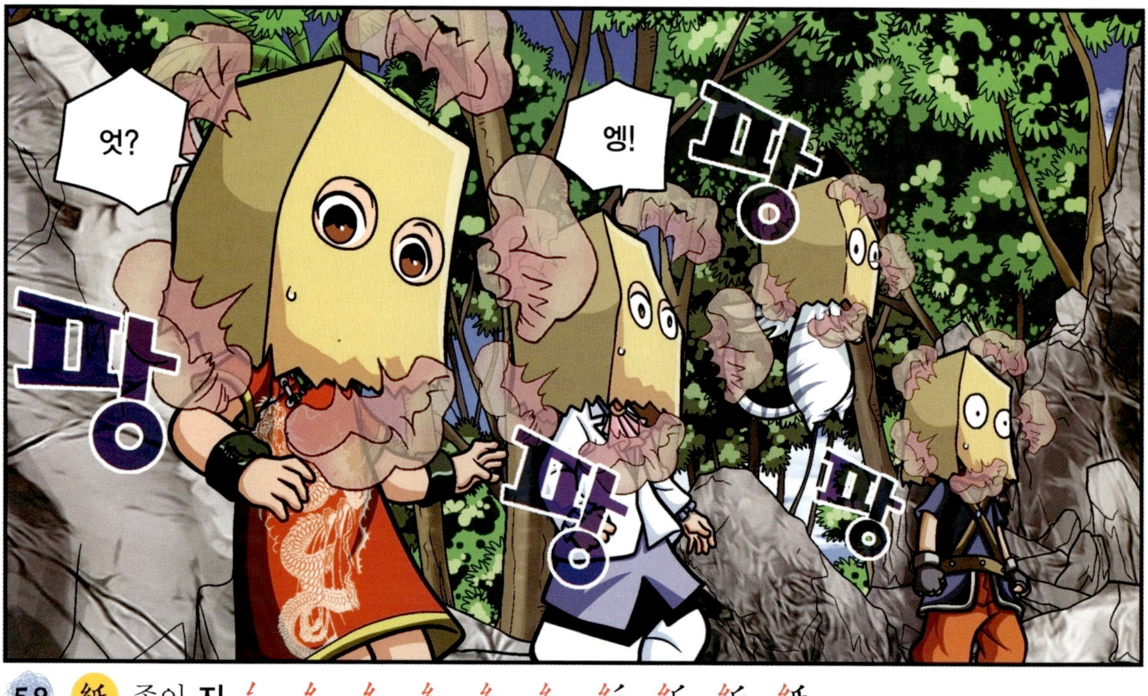
엇?
엥!
팡
팡
팡
팡

*가면(假 거짓 **가**, 面 낯 **면**) : 얼굴을 감추거나 꾸미기 위한 탈.

面 낮 면　一 丆 丆 丙 面 面 面 面

낮 면 面 때문에
우리 얼굴이
빛나고 있어!

우아!
눈이 부셔!

결국
이런 날이 올
줄 알았어.

이미
알았다고?

드디어 내 미모가
빛을 발하기
시작했어!

이그 그럼 우리
얼굴 빛나는 건
어떻게 설명
할 건데?

가면을 쓰고 마법을 걸면 얼굴이 반짝이니까 어두운 곳에서도 위치를 알 수 있지.
그렇구나!

바로 이게 종이 지 紙 마법과 낯 면 面 마법의 위력이야.

이제 내가 같은 편이라는 걸 믿겠니?
비빅
비빅
그렇다고 해도……
냐우우

됐어, 너무 고민하지 마.
호야!

어떻게든 되지 않겠어?
그건 그래.

정답 0

저 녀석이라면
싸워도 절대
지지 않을 거고!
저게!

끙~ 그래그래,
난 정말
약하다고.

슬슬 지하 고을로
들어가 볼까?
좋아!

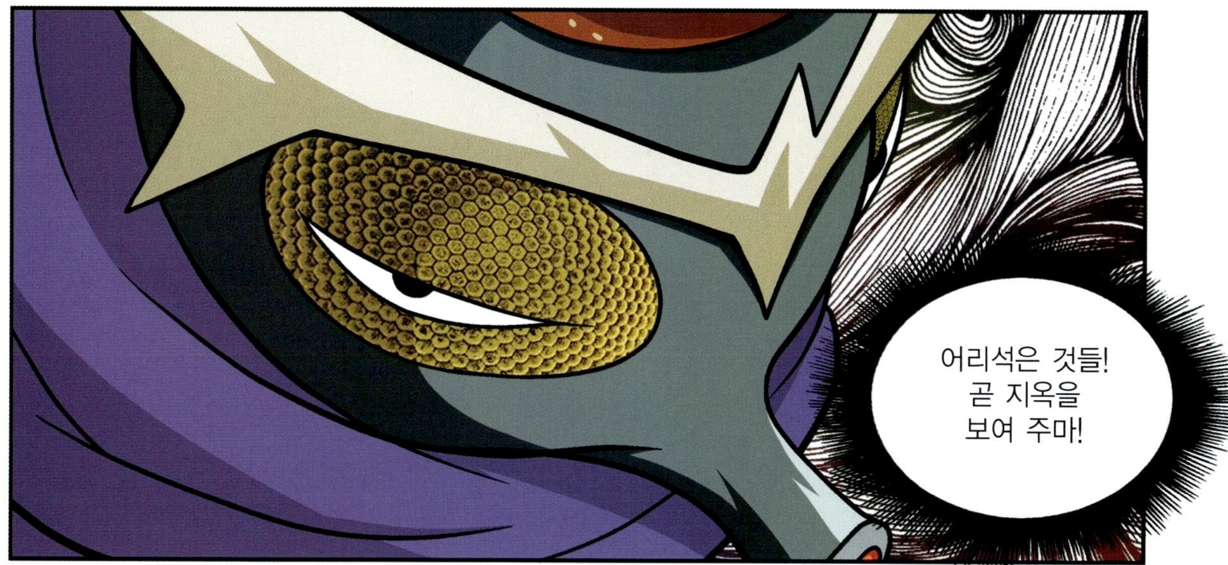
어리석은 것들!
곧 지옥을
보여 주마!

왠지
뒤가 썰렁해.
조용히 좀
따라올래?

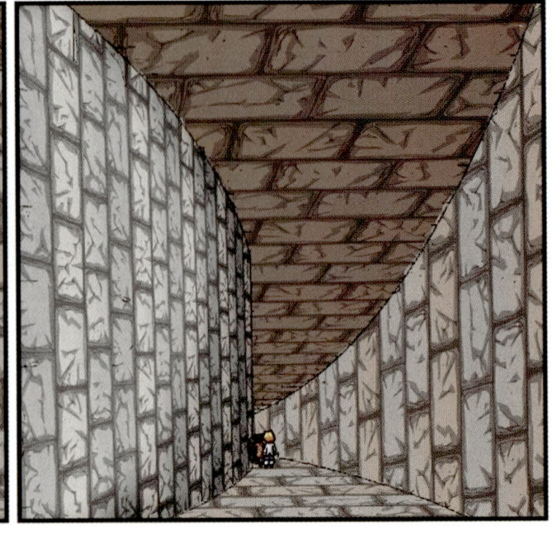

무서운 걸
어떡해～.
한마황에게
들키면 어쩌려고
그래?

엥?

으악!
한마황이다!

조, 조용!

깜짝

저건 그냥 석상이야.
그, 그래?

너 진짜 한마황한테 들키고 싶어?
알았어!

어디까지 들어가야 하는 거야?
조금만 더 가면 돼.

이 안쪽에 부수 광석 목걸이를 만드는 장치가 있거든.
끼익

문이 저절로 닫히네.
기분도 그런데 내 얼굴이나 보자.
슥

으헉!
마음 심 心
거울이 왜 이렇게 밝게 빛나지?
확
악

난 그냥 거울만 꺼냈다고.
그래?
거울 덕분에 주위가 밝아졌어! 엇?

벽에 이상한
장치들이 잔뜩
붙어 있어!

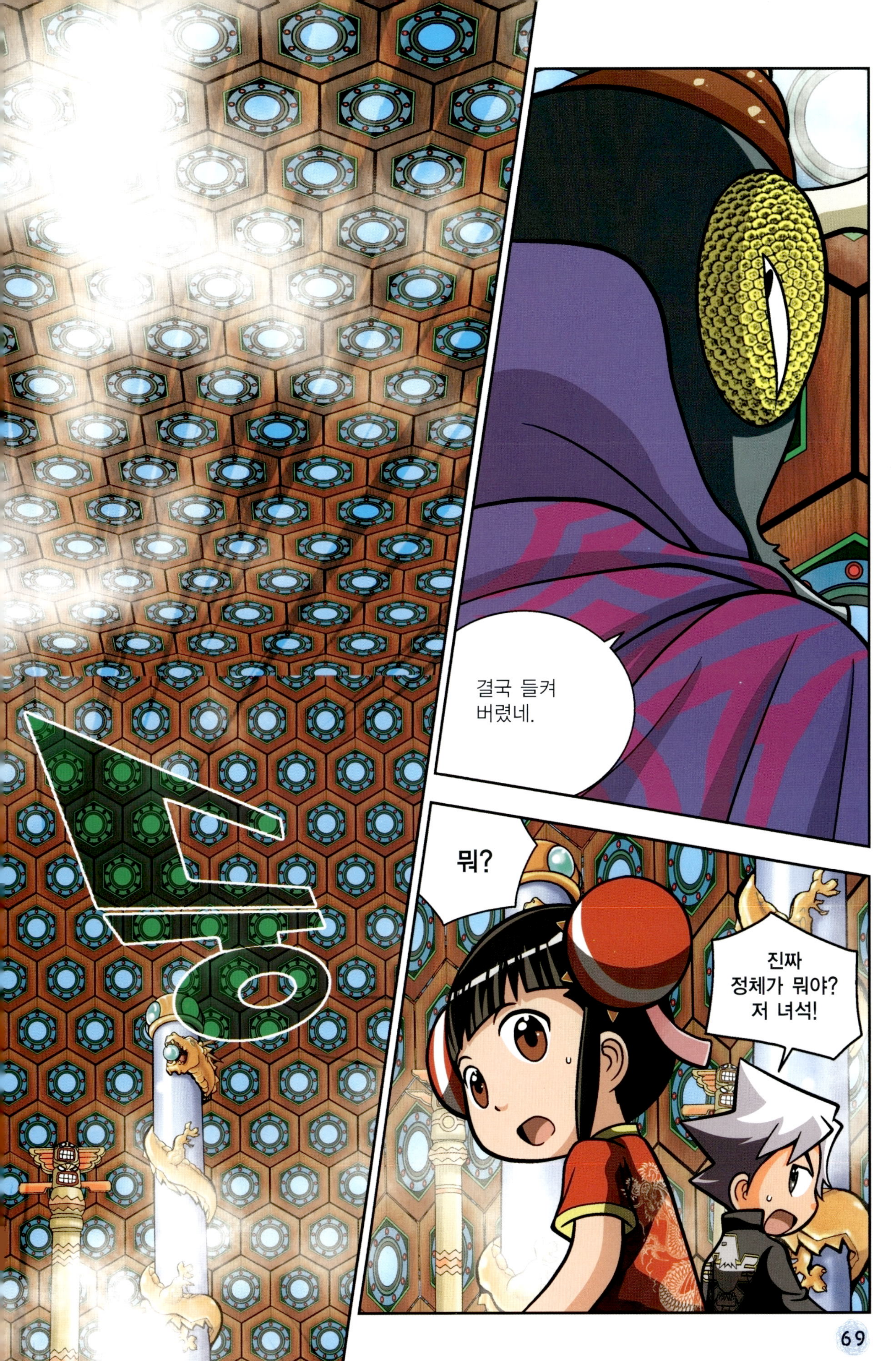
결국 들켜
버렸네.

뭐?

진짜
정체가 뭐야?
저 녀석!

3장 금동이가 위험하다고?
便
편할 편 / 똥·오줌 변
편할 편 / 똥·오줌 변(便)의
부수한자는 사람인변(亻)입니다.

마음 심 心
거울 때문에 결국
들켜 버렸네.

방금
무슨 소리야?

들켜
버리다니?

뭐긴 뭐겠어. 내가 지금까지 너희를 속여 왔다는 뜻이지.
설마 삼장군이 정말 너희 편이 될 거라고 생각한 거냐? 크크. 순진한 꼬맹이들이군.
용서 못 해! 나타부한! 기운 기 氣!
꼬맹이 맛 좀 볼래?
氣
빵
탓
훗

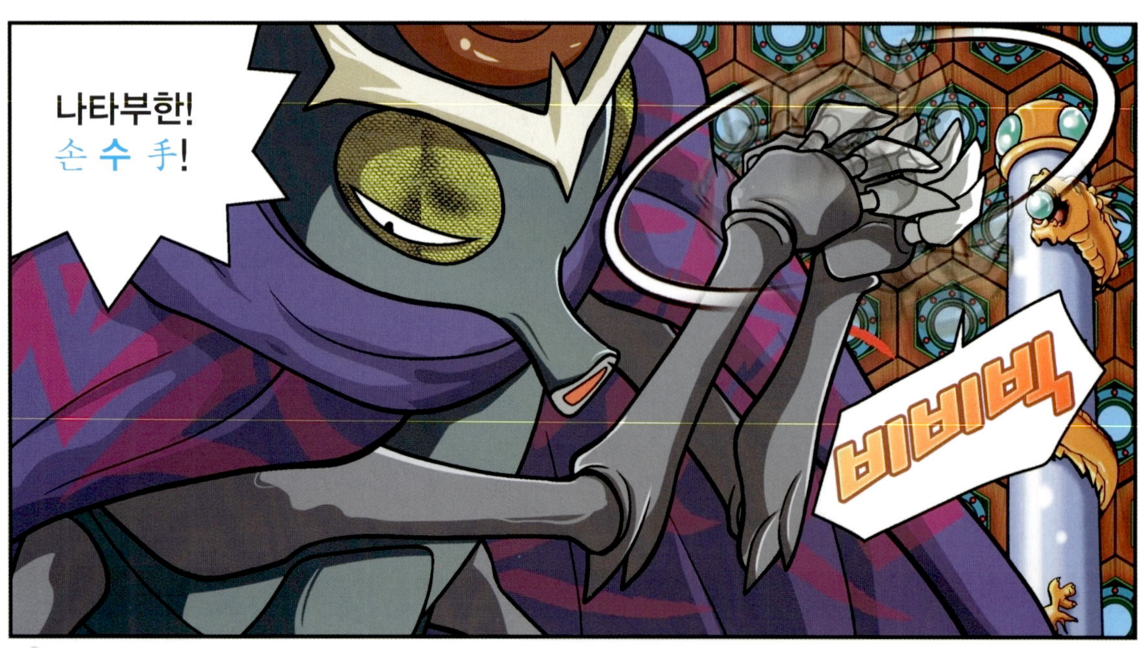

 *충격파(衝 찌를 **충**, 擊 칠 **격**, 波 물결 **파**) : 공기 중에 생긴 급속한 압축파.

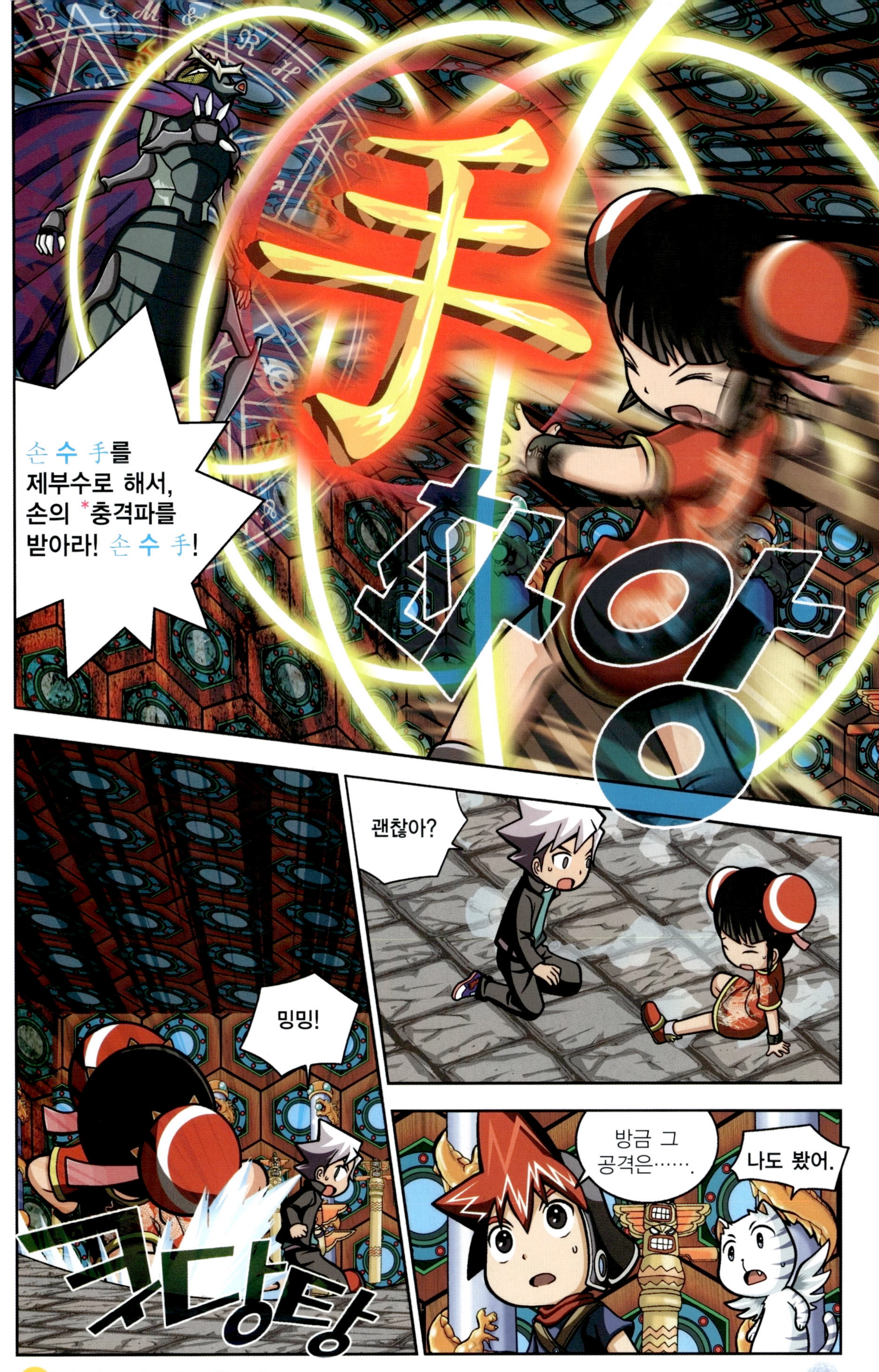

손수手를
제부수로 해서,
손의 *충격파를
받아라! 손수手!
퐈앙
괜찮아?
밍밍!
쿠당탕
방금 그
공격은…….
나도 봤어.

손 수手로
손바닥을 비벼서
만든 충격파야.
충격파?
이건 배신이야!
배신은 아니지.
처음부터 너희 편이
될 생각이
없었으니까.

빠르게 손바닥을
비벼서 만들어지는
힘을 이용한 공격
이지. 역시 네가
제일 똑똑하구나.
배신?
비겁해!

하지만 한마황에 대한 마음은 진심이야.
뭐라고?

우리 삼장군은 언제나 일월오성검을 따를 뿐이지.

그게 무슨 말이야!
한마황 같은 애송이에게 그 검은 어울리지 않거든.

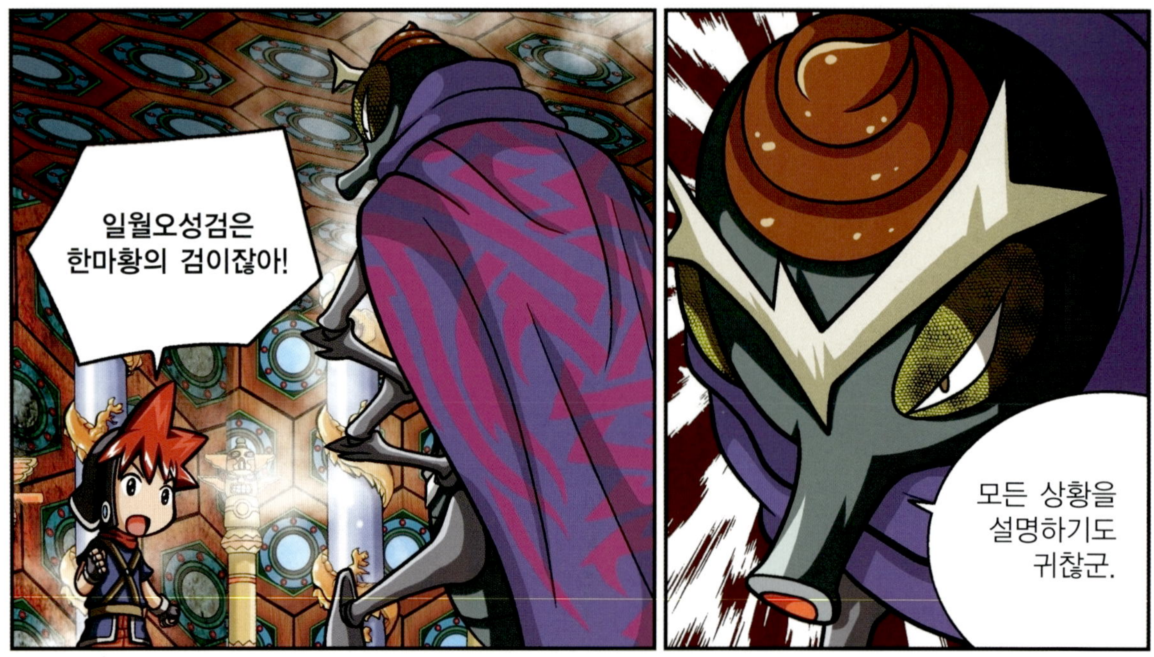

速 빠를속　一　丆　百　亩　車　束　涑　涑　速

그럴 줄 알았지!
그래서 내겐 이렇게 에너지가 다시 모이고 말이야.
훗
사삭
부웅
크아
내가 또 공격에 당할 것 같아?
받아라, 나타부한!
사람인변 1!
지오, 너!
슈악

便 편할 편 / 똥·오줌 변　ノ　イ　イ　仁　仁　侢　侢　便　便

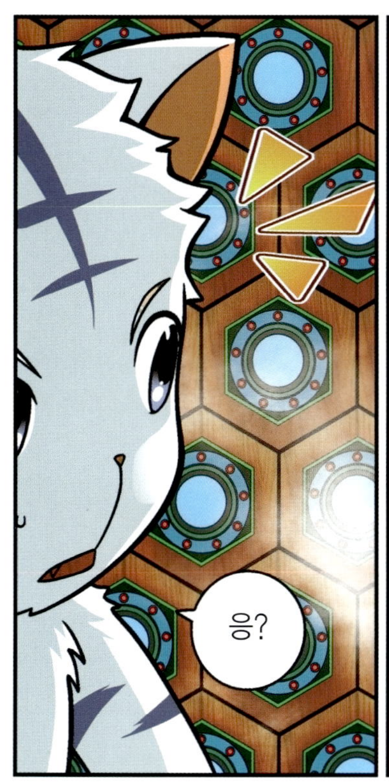

응?

잠깐!
뭔가 이상해!
저 녀석은 우리를 화나게 해서 공격을 먼저 끌어내고 있어.
뭐?
저러는 데는 뭔가 이유가 있을 거야.
웅
웅
웅
웅
웅
혹시 이 장치가!

 *설계(設 세울 **설**, 計 셀 **계**): 건축·토목·기계 제작에서 실제적인 계획을 세워 도면으로 만듦.

옹옹옹옹옹
옹
너희가 공격을 할 때마다 이 장치가 힘을 흡수한다는 뜻이야. 그 힘은 나한테 직접 전달되지.
저 녀석이 우리 편인 척했던 이유는 이거야.
여기로 우릴 끌어들이면 힘을 흡수할 수 있을 테니까.
끄아아 하필 뚱뚱

저 녀석은 빠오나 카오처럼 엄청난 파워를 가지고 있진 않은 것 같아.

하지만 이 지하 고을에 서라면!

이야, 역시 대단한걸? 큭!

너희 말대로 난 강하지 않아.

하지만 이곳에서라면 아무도 내 똥·오줌 변便 파워를 이길 수 없지.

저럴 때 보면 확실히 파리 같은데~.
똥파리에 한 표!
이제 지하의 장군 지오 님의 힘을 알았겠지?
비빅
비빅

하지만 아무리 힘이 세도 이길 수 없는 게 있다는 걸 알고 있나?
꽤 머리를 썼군.
?
슥
그건 바로!

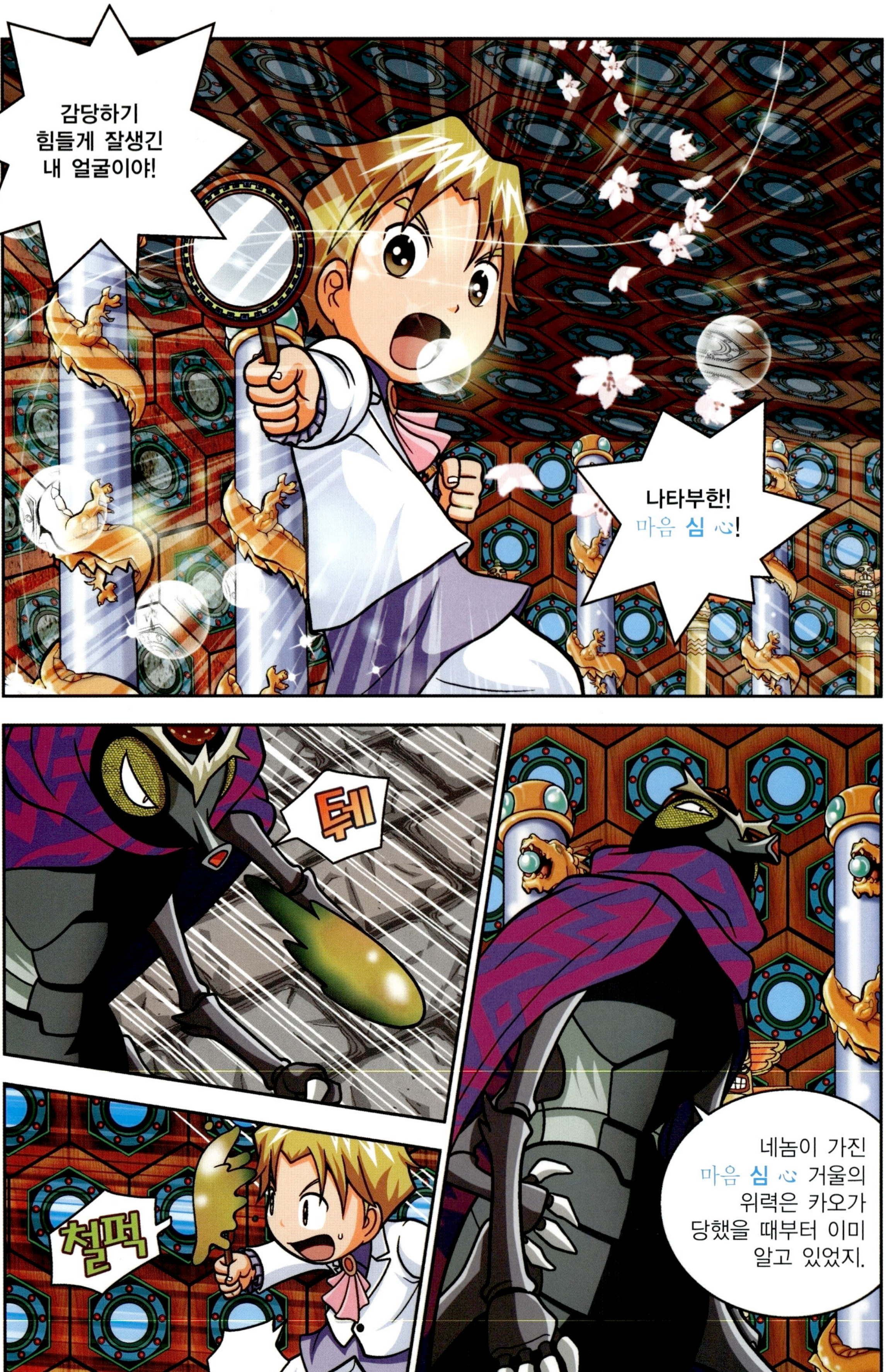

감당하기 힘들게 잘생긴 내 얼굴이야!
나타부한! 마음 심心!
뎨
철떡
네놈이 가진 마음 심心 거울의 위력은 카오가 당했을 때부터 이미 알고 있었지.

하지만 내 끈끈이 침이 묻은 이상 당분간 거울을 사용하긴 어려울 거다.
그럴 수가!

어쩜 좋아~. 내 잘생긴 얼굴을 볼 수가 없어~.
모처럼 도움이 되나 싶었는데..

이 빛은?
번쩍
슈슈슈
금동이가 일지매가 되었어!

다 떠들었냐?
네놈이 치사하게
싸울 거라는 건
알고 있었어.
하지만
난 이제 일지매로
변신하는 게
어렵지 않아.
치사한 싸움에
얼마든지 맞서 주마!
쨔아아아

큭!

역시 대단해!
엄청난 파워야!
툭
네 파워 덕분에
나까지
강해졌는걸?
하지만
어쩌지?

금동이의 파워가
오히려 저 녀석을
변신시키고 있어!

강해져 봐야
삼장군의
하나일 뿐.

덤벼 봐!

지금의
난 절대 지지
않아!

탁 탁 탁

파앙

팡
팡
팡

너 정도는
문제없어!
과연
엄청나군!

쿠엉

뭔가
꿍꿍이가
있어!

어쩌려고?

하지만
내 공격을 견딜
수 있을까?

왠지 속이
불편한
얼굴이야.

뿌아앙

이걸로 모든 건 내 것이 된다. 으하하!
구리
구리
이, 이건! 독가스~. 으헥!
스 스 스

으헥!

노란
방귀?

냄새가
고약해. 느낌이
안 좋아.

스스스

단지 독한 방귀가
아니야. 우리 힘을
뺏어가고 있어.

기운 빠져!

몸도
마음대로 안
움직여.

스스스스

독가스 때문에 앞이 안 보여!
무슨 꿍꿍이냐!
낮 면 面을 제부수로 해서, 얼굴아 밝아져라! 낮 면 面!
따앙
하약
앗!
와악

궁금해? 기대 하라고!

빛이 나!

나타부한!
손 수 手!
팡
手

방귀 독가스가
기운을
뺏어가.

충격파가 더
세졌어.

으악!

이런
비겁한 놈!

크하하!
내 작전이
어떠냐?

모두들
괜찮아?

정말 고집불통이군.
척

저런 녀석에게
한마황 님의 군단이
당하다니.
두둥
아니, 너는?

평평할 평(푸)의 부수한자는
방패 간(干)입니다.

쳇!
지오만으로도
벅찬데!
덤벼! 얼마든지
상대해 주겠어!

나까지 신경
쓰지 마.

날 공격하는
것보다
금동이를 먼저
구해야지.
앗!
금동이!

뭐라고?

무슨 소리! 얼른 널 물리치고 금동이를 구해야지!
잠깐!
캉
캉

응.
너 우릴 공격하러 온 게 아니지?

난 너희를 돕고 싶어.

거짓말 하지 마!
우리가 두 번 속을 것 같아?

여기선 아무리
싸워 봐야 지오를
이기지 못해.
뭐?

난 부수 광석
목걸이를 만드는
장치가 있는 곳을
알아.

그 장치만
파괴한다면
이 싸움에서
너희가 이길 수
있어.

난 그 장치를
망가뜨리러 갈 거야.
너희는 너희
마음대로 해.
잠깐! 왜 혼자만
말하고 가나?
탓

뭐가 어떻게 돌아가는 거지?
쟨 분명 한마황의 부하인데.
지금으로선 다른 방법이 없어.

일단 따라가자.
호야?
금동이를 도울 수 있는 방법은 이것뿐이야.
촤약
할 수 없지!

난 달리기에 약해!
좀 조용히 해.

왜 왔어?

어쩔 수 없는 선택이라고.
맞아! 널 완전히 믿진 않아.
나타부한!
지게 호 尸!

尸 지게 호 ´ ㅅ ㅅ 尸

 所 바/곳 소

만만치
않다니?
원래 곳소所
마법을 쓰면 진짜
문이 나타나야 해.

그런데 지오가
세 개의 문을
만들어 헷갈리게
한 거야.

진짜 문이
뭘까?

진짜 문에는
뭔가 특징이
있을 텐데.
맞아!

문 뒤의 빛을 볼 수 있는 마법을 쓰면 되겠군.

나타부한!
빛色!

빛色을 제부수로 해서, 빛의 색을 보여라!
빛色!

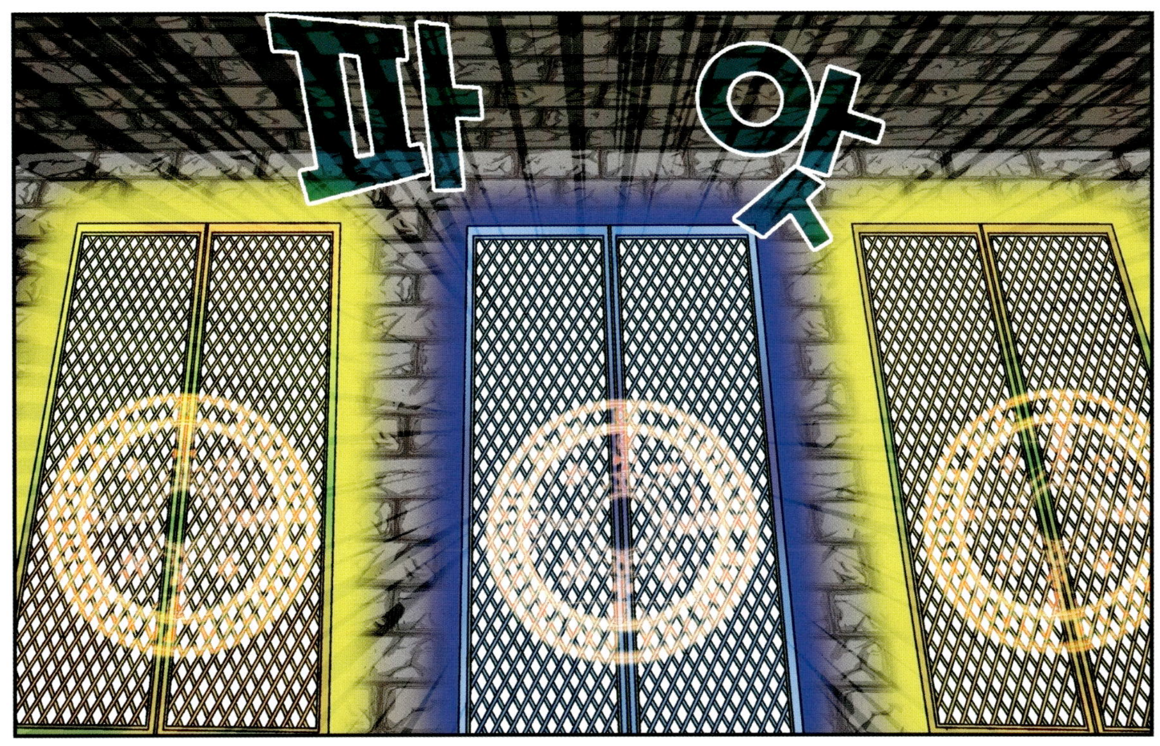

파
앗

어두운 지하 고을이라면 분명히 어두운 빛이 들 거야.
그렇다면 가운데 문이네!

참 그런데 말이야. 궁금한 게 있어.

왜 나를 믿고 따라온 거지?

네가 우릴 공격할 생각이었다면, 우리에게 말을 걸 필요도 없었겠지.

음…….

그러고 보니 그러네?

이미 우린 지오에게 엄청 당하고 있었으니까.

그래서 뭔가 다른 뜻이 있다고 생각한 거야.
그렇군.

뭘 그런 칭찬 까지! 아니 뭐, 모두가 칭찬에 약하지.
호야도 별 수 없네.

정말 똑똑한 호랑이구나.

정확한 이유를 말해.

넌 분명히 한마황의 부하야.
그런데 빛 색 色 마법까지 쓰면서 왜 우릴 돕는 거야?

정답 ✗ 빛 **색** 은 제부수한자입니다.

자, 자!
개똥이가
왔어요!

날이면 날마다
오지만 언제 봐도
귀여운 개똥이가
왔습니다!
에그,
저 녀석
또 왔네!

에이~.
좋으면서 왜
그러실까?

좋으면 좋다고
말씀만 하지 마시고
먹을 것 좀 주세요~.
아휴~.
웃으면 안
되는데 웃음이
나오네.

많이 먹고 이제
오지 마!
에헤헤~.
감사합니다!

신 나!
신 나!

흑 흑
응?

흑

야, 너!
?

왜 길바닥에서 울고 있어? 거지도 아니고.
그 쪽이 더 거지 같은데..

넘어져서 울고 있는 거였어? 얼른 업혀.
네?

어? 상처잖아!

잠시 후

날이면 날마다
오지만
귀여운
개똥이
~♪

꼬르륵
응?

계속
굶었구나!

자! 바가지에
들어 있는 음식을
먹어도 좋아.
정말요?

대신 전부
먹으면
안 돼.
네!

쿡
풋

*의지(依 의지할 **의**, 支 지탱할 **지**) : 다른 것에 마음을 기대어 도움을 받음.

뭐?
넌 한마황이 착해서 용기를 낸 게 아니야.

아마도 한마황이 잘생겼기 때문이겠지?
부들
부들

냐오오
히잉 주먹으로 때리면 어떡해.
신경 쓰지 말고 얘기 계속해. 앤 원래 이래.

그러던 어느 날, 사건이 일어났어.

사건?

고을 사람들을 모두 평등하게 만들어 준다는 선비가 나타난 거야.

우린 그 선비로 인해 가난한 사람과 부자인 사람 모두가 평등한 세상이 올 거라고 믿었어.

하지만 그건 쉬운 일이 아니었어. 그렇게 될 수 없었지.

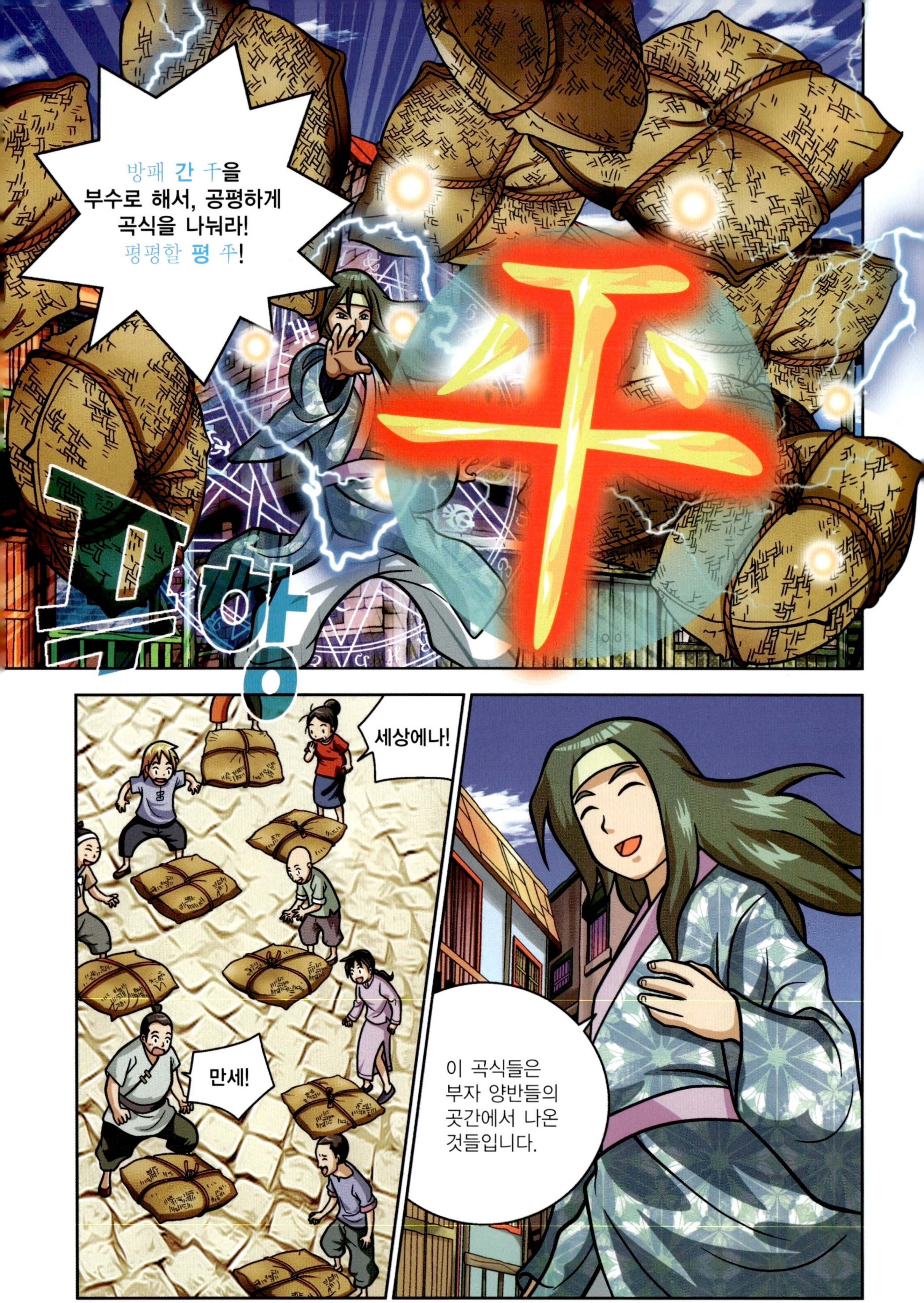

 平 평평할 평 一 ノ ハ 二 二 平

그러니 모두 똑같이 나눠 가지세요!
평평할 평 平 만세!
선비님 최고!

평평할 평 平! 굉장해!

부수한자 마법은 정말 멋있어! 그렇지?
응!

두고 봐! 나도 꼭 저렇게 멋진 선비가 되어 평평할 평 平을 쓸 거야!
응?

나도 선비가 되어 사람들을 평등하게 만들어 줄 거라고!
평평할 평 平을 쓸 거야!

그때 되면 개똥이란 이름 대신 멋진 이름으로 바꿔야지.
지금 이름도 귀여운데..

썩 비키거라!

길을 막지 말고 비키란 말이다!
오빠!
꽉
크악!
난 괜찮아. 그보다 선비님이…….
네놈이냐? 곡식을 무료로 나눠 준다는 놈이?
무슨 일이오?

네놈이 뭔데 남의 곡식을 마음대로 나누는 거냐!

이놈들! 모두가 함께 잘살아 보자고 한 일을 가지고 시비라니!

혼 좀 내줘야겠군.
자네가 나서게.

덥석
번쩍
그 곡식이 네 것이냐?
으악!

네 것도 아닌 곡식을
왜 네 마음대로
나누냔 말이다.

고을 사람들이
함께 농사를 지은
곡식이니
당연히…….

힘이 없으면
빼앗기는 게
당연하단 걸
모르느냐!

크아악!

콰당탕

*난폭(亂 어지러울 란, 暴 사나울 폭) : 행동이 몹시 거칠고 사나움.

이대로라면
한마황 님은 정말
악마가 되고 말 거야.

그러니
그 전에 너희가
도와 줘.
슬금
슬금

지금 그게
문제가
아니야.

저길 보라고!
팅

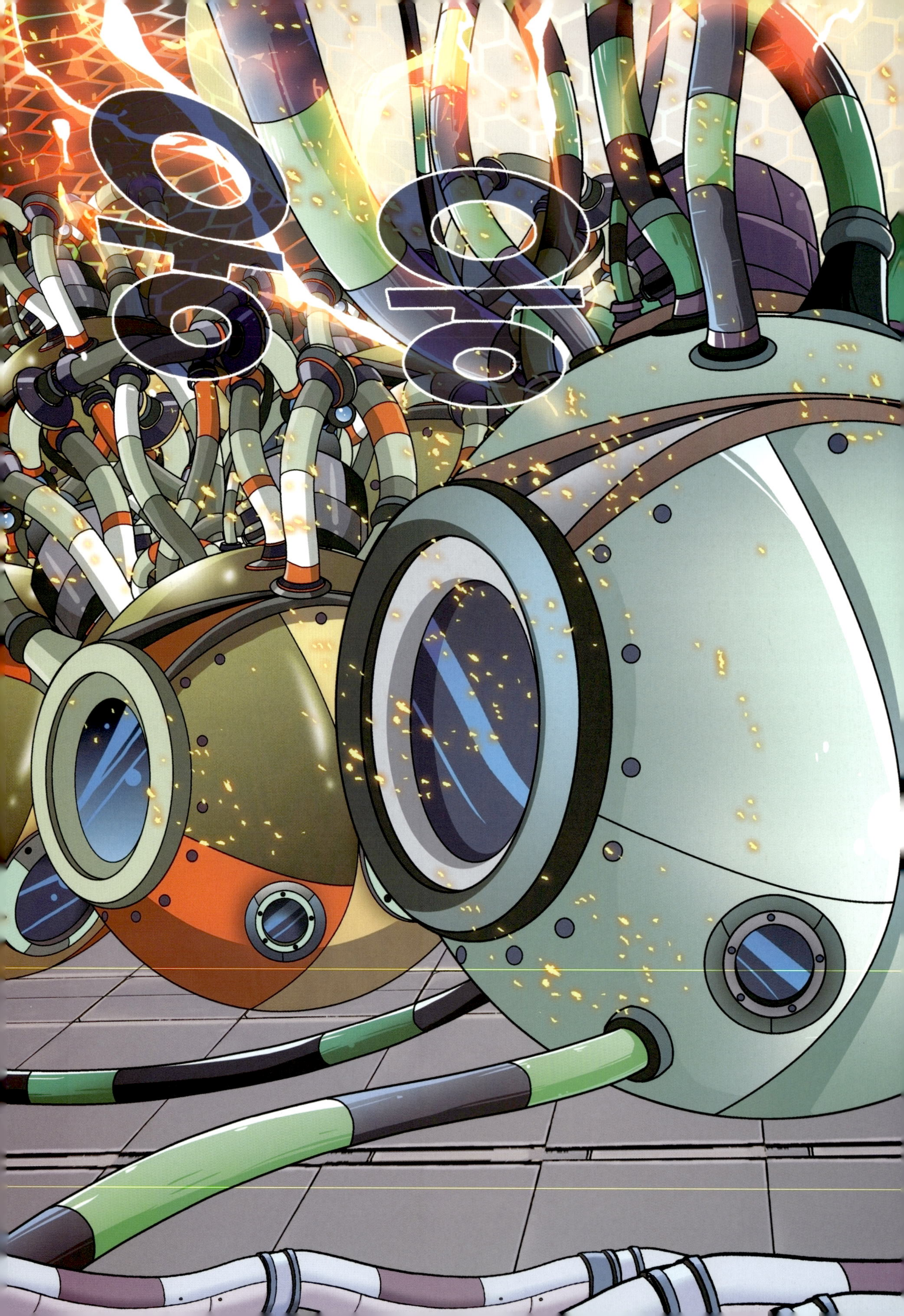
윙 웅

우리가 찾는 게
이거 맞지?
부수 광석 목걸이를
만드는 장치야!

5장
字
글자 자
지하 고을을 파괴하라!
글자 재(孛)의 부수한자는
아들 재(子)입니다.

정말 엄청난
기계 장치야!
대단해!

감상하고 있을
시간이 없어!
응?

모두들
준비됐지?

 氣 기운 기

速 빠를속　ᄀ　ᅡ　ᄆ　ᄆ　申　束　束　涑　涑　涑　速

부수한자
마법을 받아라!
이얍!
엥?
전혀 효과가
없잖아?

然 그럴 연 ノ ク タ タ タ 夕 犬 犬 然 然 然 然 然

좋아!
내가 다시 해볼게.

소용없어.

이 장치에는
부수한자 마법이
통하지 않는
것 같아.

지오가 뭔가
엄청난 마법을
건 게 분명해.

그 방법을 못
찾으면……
슥
슥

너 지금
뭐하는 거야?

보면 몰라?
거울 닦고 있잖아.

평범한 공격은
통하지 않는다며?

그렇다면 내가
꽃미남의 모습으로
어떤 문자 마법
이든 해볼게.

그게 지금
말이 되냐?

이거 놔! 나도
도움을 주고
싶단 말야!

넌 도움이
안 되니까
그렇지!

혹시!

어쩌면 문자 마법을 쓰겠다는 나르시스가 맞을 수도 있어!

이 장치는 세상의 모든 부수한자, 즉 문자를 모아 부수 광석 목걸이로 바꾸는 장치야.

'문자'를 모아 힘으로 바꾸는 장치란 뜻이지.
그래서?

만약에 너무 많은 문자가 모이면 그 힘이 넘쳐서 폭발할 수도 있겠네?
그래, 맞아!

하지만 문자들을 어떻게 모으지?
어이~. 거기!

친구들,
그건 내게 맡겨!

뭘 어쩌려고?

파앗

잊었어? 나에겐
사랑 애 愛 마법이
있다는걸.

사랑의 힘으로
불가능한 건 없다는 말씀!

마음 심 心을
부수로 해서, 사랑의
힘으로 흩어져 있는
한자를 모아라!
사랑 애 愛!

이게 흩어졌던 한자들이란 말이야?

어서 한자들을 모아!
뭐?

이 한자들은 모든 걸 가능하게 하는 사랑 애 愛 마법 때문에 잠시 모습을 보였을 뿐이라고!
이제 이 힘들을 한곳에 모아야 해!
나르시스!
부탁해!
좋아!

나타부한!
글월 문 文!
따앙!
文
글월 문 文을
제부수로 해서,
세상의 글자는
모여라!
좀 더 힘을
보태야 해!
우리도 가자!

字 글자 **자**　　　宀宀宁字

우아! 글월 문 文과
글자 자 字 덕분에
장치 속으로 문자들이
모이고 있어!

으악! 장치가
폭발해!
크윽!
콰앙
한편

기분이 이상한데.
자꾸 피하기만 할 거야?
피하긴. 내 공격은 전부 성공하고 있는데.
네 공격은 방귀 독가스 뿐이잖아!
잠깐, 이 소리는!

142

으악! 안 돼!
내 지하 고을이
무너지다니!
콰아아아아
쾅콰꽝

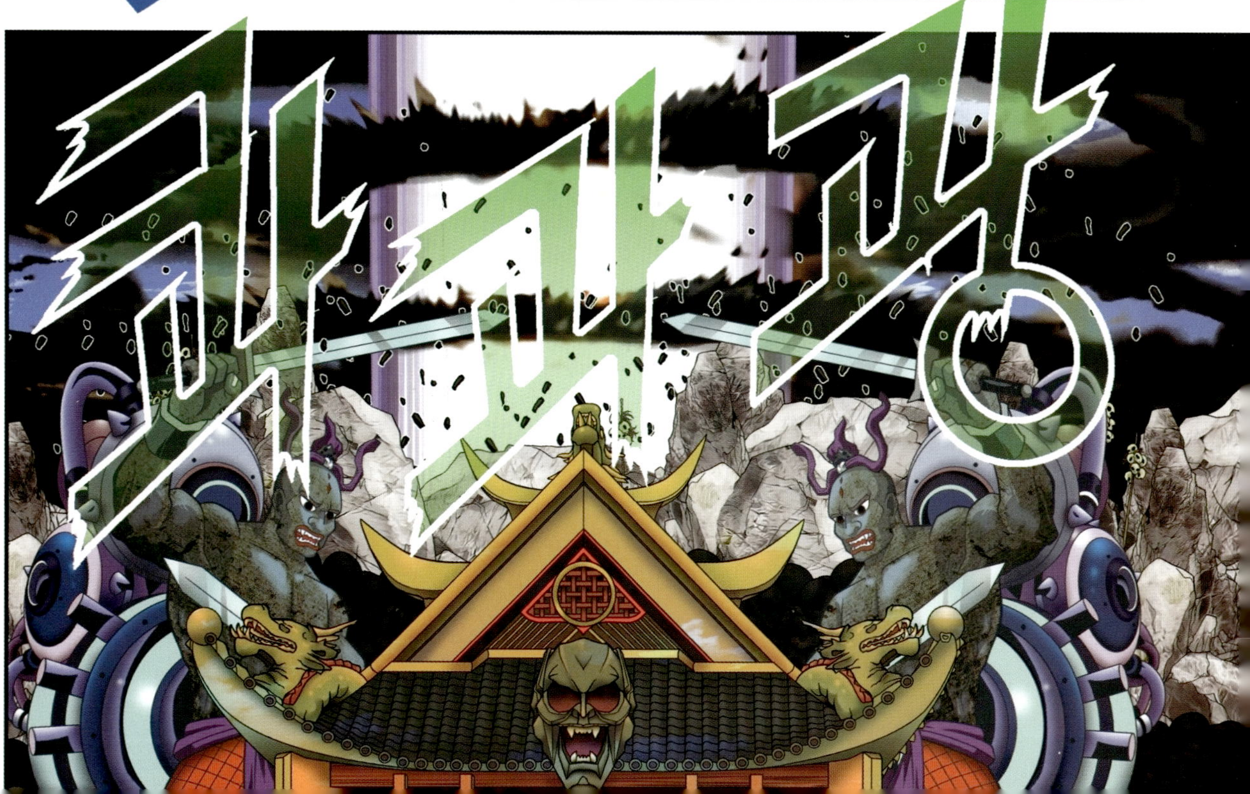

크아아!
이럴 수가!
후오오오오

모든 장치가
부서지다니!
슈슈슈
이 녀석들!

스스스
두고 보자…….

헉! 믿을
수가 없네.

호야!
밍밍!
금동아!

부수 광석
목걸이를 만드는
장치를
파괴했어!
근데 지오는
어딨어?

역시 그랬구나!
조금 전에 사라져
버렸어.

정답

우리가 지오도 이겼네.

하지만 안심할 순 없어.

아직 한마황이 남았으니까!
그래!

진짜 적을 무찔러야지.

근데 저 사람은…….

너는 이제
어쩔 거야?

헉!
한마황의
부하 아니야?

난 한마황 님을
예전으로 되돌릴
거야.

그게 그렇게
쉽게 될까?

이봐, 난…….

설명하지 않아도 돼.
내 친구들을 도와 준 건 고맙지만, 난 한마황을 무찌를 거야.

그리고 한마황을 예전 스승님의 제자였던 때로 되돌려 놓을 거야.
금동!
크크!

문영! 여기서 뭐하는 거지?

크크, 아주
감동적이구만.

크
큭
눈물 없이는
봐줄 수가
없겠는걸?
너, 한마황!

한마황과
일지매 금동!
까악! 도저히
못 보겠어.
설마 여기서
끝나는 거야?
정말 궁금해.
어서 10권을
보여줘!
으앙~!
걱정돼!
나타부한!
10권!
그게 될 거라
생각하냐!
드디어 만나게 된 한마황과 금동이의 흥미진진한 대결! 10권에서 계속됩니다.

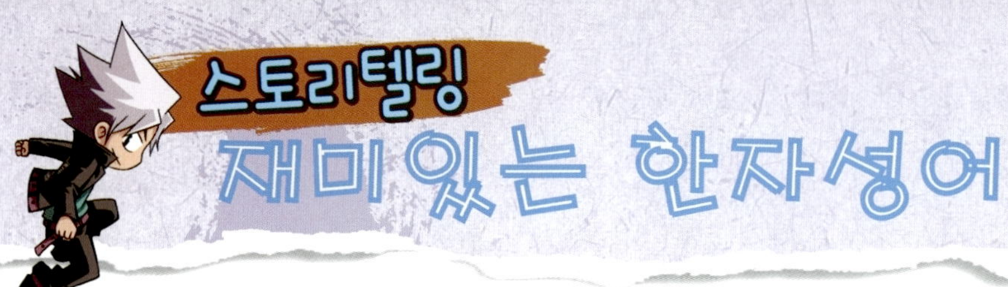

평지풍파

平 地 風 波

평평할 **평** 땅 **지** 바람 **풍** 물결 **파**

그럼 넌 그 빵을 이따 배고플 때 먹을 수도 있잖아.
흠. 그런가?

왜 가만히 있는 밍밍을 건드려서 평지풍파를 만들어?
!

평지풍파라고?
평지풍파(平地風波)란 '고요한 땅에 바람과 물결을 일으킨다.'는 뜻으로,
괜히 일을 만들어서 싸움을 일으킨다는 뜻이야.

우리 저런 얘기 듣고 싸우지 말자~.
그래.
쳇!
탁탁탁

히히~. 다음엔 누구 빵을 몰래 먹을까?

해법에듀

초등학생을 위한
가장 쉬운 중국어와
한자가 온다!

해법 중국어교실

스토리텔링 학습으로 원어민처럼 중국어가 술술~
해법중국어교실

❶ 국내 최초 중국어 자기주도학습관
❷ 전문교사와 함께하는 1:1 수준별 맞춤 프로그램
❸ 중국어 회화 완성으로 중등 내신 및 HSK시험 대비
❹ 다양한 놀이와 활동을 통한 중국 문화 체험

국내 최초
방과후 전문교재 출시!

이제 학교에서도 흥미진진한
삼국지 중국어를 만나보세요!

월 교재 구성(매 월 1set 제공)

본책   부록   학부모 안내장   CD

해법 한자교실

한자급수 시험도 한번에 합격!
해법한자교실

❶ 철저한 자기주도형 학습 프로그램
❷ 급수시험 최신 기출 문제 반영
❸ 평가에서 오답 관리까지 체계적인 온라인 학습 제공

해법 중국어 中   1577-5153
www.hbchinese.co.kr

해법 한자교실   1577-1482
www.hbhanja.co.kr

차례

 ## 부수한자 마법 훈련, 급수 한자 마법 훈련

▲ 본책에서 공부한 부수한자와 급수 한자의 숨겨진 이야기와 여러 가지 뜻을 알 수 있고, 필순에 따라 써 볼 수 있습니다.

  ## 스토리텔링! 생활 속 한자, 교과서 속 한자

▲ 일상생활에서 활용할 수 있는 한자 단어와 교과서에 나오는 한자 단어를 재미있는 만화와 이야기 속에 담아 스토리텔링 학습을 돕습니다.

급수 한자 실력 쌓기

▲ 한자능력검정시험과 같은 유형의 문제를 생동감 있는 만화와
함께 구성하여 한자 실력을 높일 수 있습니다.

필순 미로 탈출

▲ 재미있는 미로 탈출 게임을 하다 보면 한자 학습에서 중요한
필순을 자연스럽게 익힐 수 있습니다.

나타부한! 먹을 식 食 **7급**

알아보기

그릇에 있는 음식을 먹자! 먹을 식!
- '食'은 그릇에 음식을 담고 뚜껑을 덮은 모양을 나타낸 글자로, '먹다'를 뜻합니다.
- 제부수한자입니다.

◉ **여러 가지 뜻과 음**

◉ **필순에 따라 쓰기**

食	食	食		
뜻 먹을 **음** 식 총 9획				

나타부한! 고을 읍 邑 7급

알아보기

사람이 살고 있는 고을! 고을 읍!
- '邑'은 한 사람이 성 아래에 꿇어앉은 모습을 나타낸 글자로, 사람이 사는 곳인 '고을'을 뜻합니다.
- 제부수한자입니다.

◉ 여러 가지 뜻과 음

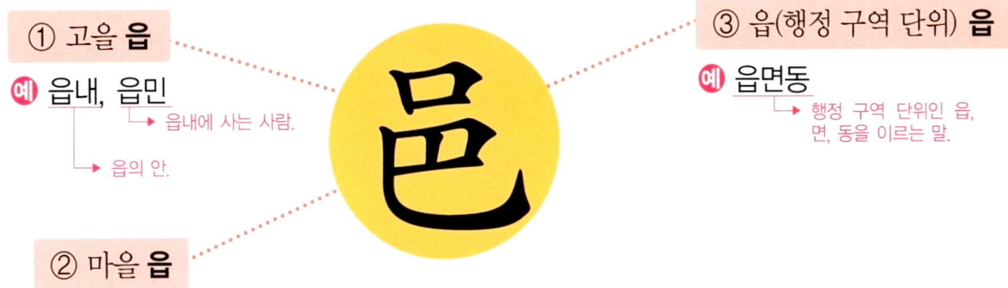

◉ 필순에 따라 쓰기

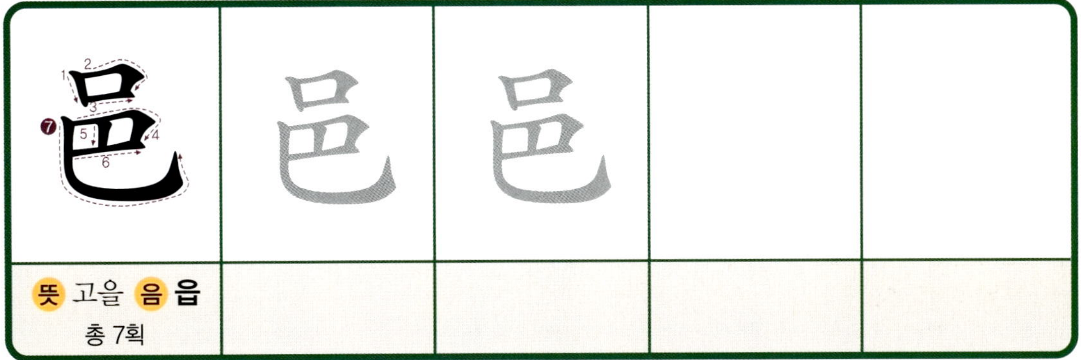

뜻 고을 음 읍 총 7획				

나타부한! 낯 면 面 **7급**

알아보기

사람의 얼굴! 낯 면!
- '面'은 사람의 얼굴을 나타낸 글자로, '낯(얼굴)'을 뜻합니다.
- 제부수한자입니다.

◉ 여러 가지 뜻과 음

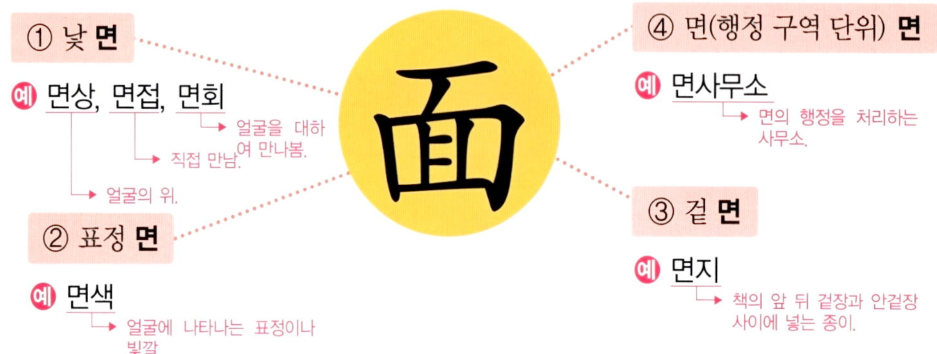

① 낯 **면**

예 면상, 면접, 면회
→ 얼굴을 대하여 만나봄.
→ 직접 만남.
→ 얼굴의 위.

② 표정 **면**

예 면색
→ 얼굴에 나타나는 표정이나 빛깔.

④ 면(행정 구역 단위) **면**

예 면사무소
→ 면의 행정을 처리하는 사무소.

③ 겉 **면**

예 면지
→ 책의 앞 뒤 겉장과 안겉장 사이에 넣는 종이.

◉ 필순에 따라 쓰기

面	面	面		
뜻 낯 **음** 면 총 9획				

나타부한! 손 수 手 7급

알아보기

사람의 손! 손 수!
- '手'는 다섯 손가락이 모두 그려진 손의 모양을 나타낸 글자로, '손'을 뜻합니다.
- 제부수한자입니다.

⊙ 여러 가지 뜻과 음

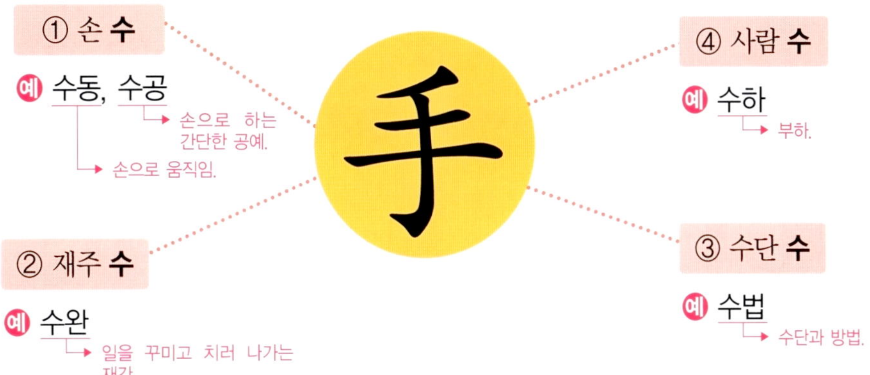

⊙ 필순에 따라 쓰기

나타부한! 지게 호 戶 **4급**

알아보기

문을 열어라! 지게 호!
- 문(문 **문** 門)의 반쪽을 본뜬 글자입니다.
- 본책에서는 바/곳 **소** 所의 부수한자입니다.

◉ 여러 가지 뜻과 음

① 지게 **호**

② 집 **호**

③ 구멍 **호**

戶

예 호주, 호구
→ 호적 상의 집의 수와 사람의 수.
→ 한 집안의 주장이 되는 주인.

◉ 필순에 따라 쓰기

戶	戶	戶		
뜻 지게 **음** 호 총 4획				

나타부한! 빛 **색** 色 **7급**

알아보기

엎드리니 변하는 얼굴빛! 빛 색!
- '色'은 엎드려 있는 사람의 모양을 나타낸 글자로, 엎드려 있어서 얼굴빛이 변한다는 데서 '빛'을 뜻합니다.
- 제부수한자입니다.

◉ 여러 가지 뜻과 음

◉ 필순에 따라 쓰기

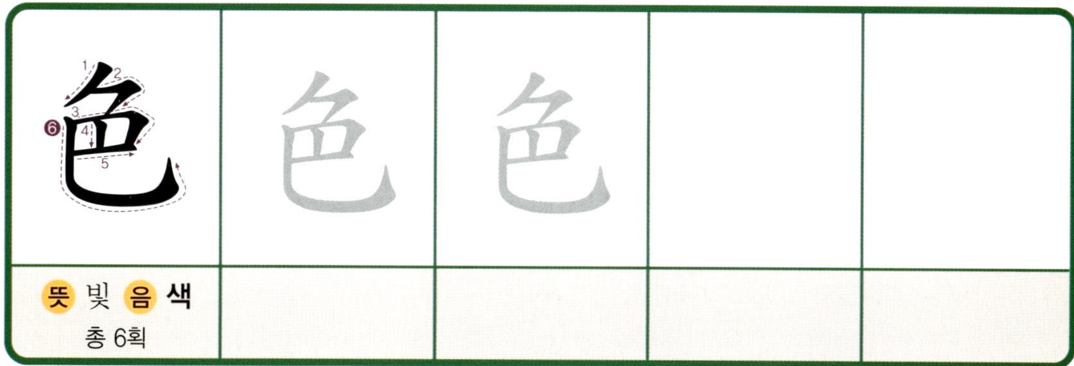

부수한자 마법 훈련

나타부한! 글월 문 文 `7급`

몸에 그린 글! 글월 문!
- '文'은 몸에 글자나 그림을 그린 모양을 나타낸 글자로, '글월(글)'을 뜻합니다.
- 제부수한자입니다.

⊙ 여러 가지 뜻과 음

⊙ 필순에 따라 쓰기

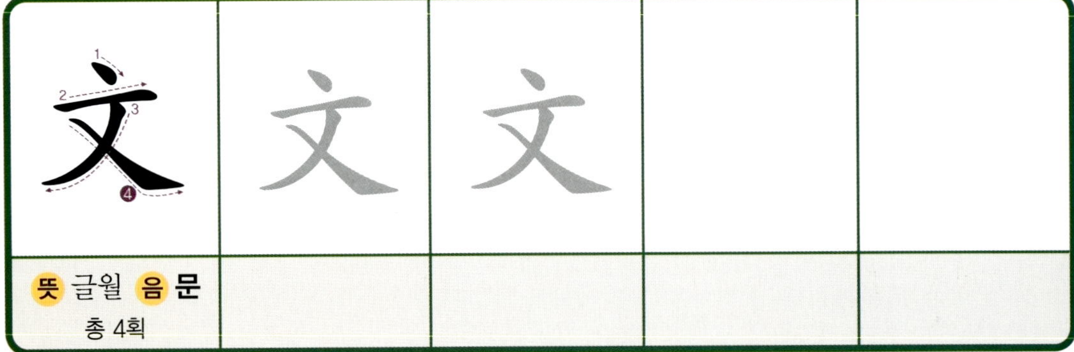

文	文	文		
뜻 글월 음 문 총 4획				

나타부한! 저자 **시** 市  7급

알아보기

시장에 걸린 깃발! 저자 시!
- '市'는 시장이 서는 날 내걸었던 깃발을 나타낸 글자로, '저자(시장)'을 뜻합니다.
- 부수한자는 수건 **건** 巾입니다.

◉ 여러 가지 뜻과 음

① 저자 **시**
예 시장
→ 도시에서 날마다 서는 물건을 사고 파는 곳.

② 시가 **시**
예 시내
→ 도시의 안.

④ 장사할 **시**
예 시판
→ 시장에서 판매함.

③ 시(행정 구역 단위) **시**
예 시민, 시립
→ 시에서 설립함.
→ 도시의 주민.

◉ 필순에 따라 쓰기

市	市	市		
뜻 저자 음 시 총 5획				

나타부한! 평평할 평 平 `7급`

알아보기

저울로 평평하게! 평평할 평!
- '平'은 저울 모양을 나타낸 글자로, 평평하게 균형을 맞춘다는 데서 '평평하다'를 뜻합니다.
- 부수한자는 방패 간 干입니다.

◉ 여러 가지 뜻과 음

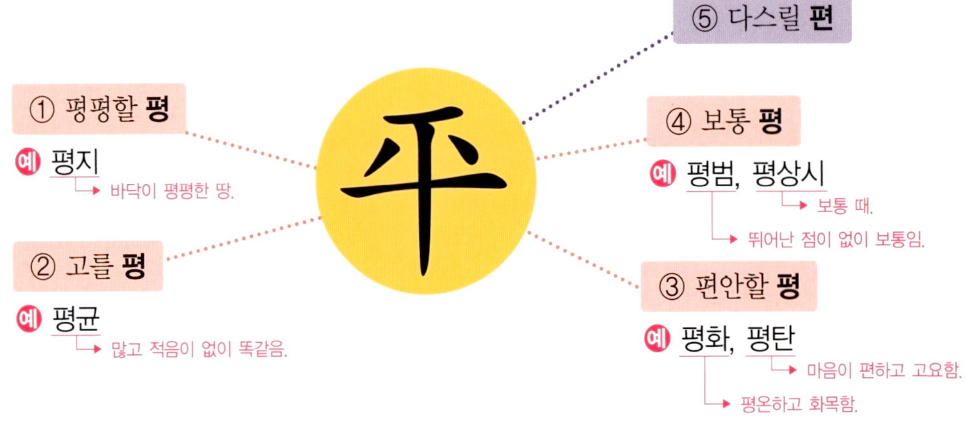

⑤ 다스릴 **편**

① 평평할 **평**
- **예** 평지
  → 바닥이 평평한 땅.

② 고를 **평**
- **예** 평균
  → 많고 적음이 없이 똑같음.

平

④ 보통 **평**
- **예** 평범, 평상시
  → 보통 때.
  → 뛰어난 점이 없이 보통임.

③ 편안할 **평**
- **예** 평화, 평탄
  → 마음이 편하고 고요함.
  → 평온하고 화목함.

◉ 필순에 따라 쓰기

平	平	平		
뜻 평평할 **음** 평 총 5획				

나타부한! 글자 자 字 **7급**

알아보기

아이가 집 안에서 글자 배우기! 글자 자!
- '字'는 집(집 면 宀)에서 아이(아들 자 子)들이 부모에게 글자를 처음 배우기 시작한다는 것을 나타낸 글자로, '글자'를 뜻합니다.
- 부수한자는 아들 자 子입니다.

◉ 여러 가지 뜻과 음

◉ 필순에 따라 쓰기

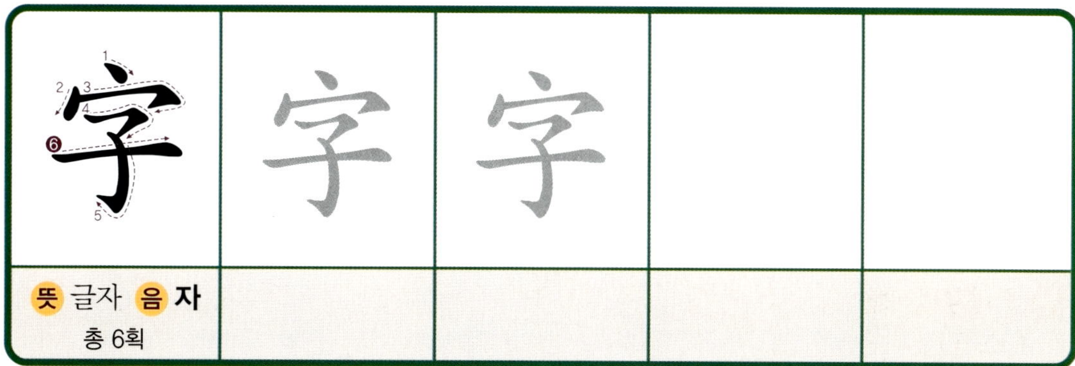

字	字	字		
뜻 글자 음 자 총 6획				

한자 파자 놀이

※파자(깨뜨릴 **파** 破, 글자 **자** 字) : 한자의 자획을 풀어 나눔.

넉 사 四
멋진 부메랑 네 개!

돼지해머리 두
머리(ㅗ 돼지해머리 두)를

巾
수건 건
수건(巾 수건 건)으로 단장하고 저자(시장)에 간다.

市

저자 시

머리에 수건 정도는 올려야지!
그럼 우리도 단장해야지.
시장 구경 가자~!

물 수
한 우물
(氵 물 수)을

한가지 동
같이(同 한가지
동) 먹고 살아온
사람들이 모인
곳은?

洞

고을 동

우린 모두
한 우물을
마신다네~.
우리 고을
최고!

다섯 오 五
우리 다섯 명이 가장 먼저 왔네.

糸 실 사
실(糸 실 사)과 같은 모양이 되도록

氏 성 씨
뿌리(氏 성/뿌리 씨)를 삶고 두들겨서 만든 것이 종이지!

紙

종이 지

야호~! 날아라!
귀한 종이로 장난 치지 마!
역시 딱지 놀이가 재밌어.

⊙ 먹을 **식 食**

- 음식(마실 **음** 飮, 먹을 **식** 食) : 사람이 먹을 수 있도록 만든 것.
- 식단(먹을 **식** 食, 홑 **단** 單) : 일정한 기간 동안 먹을 음식의 종류와 순서를 짜 놓은 계획표.
- 포식(배부를 **포** 飽, 먹을 **식** 食) : 배부르게 먹음.

⊙ 저자 **시** 市

- 시내(저자 **시** 市, 안 **내** 內) : 도시의 안.
- 시장(저자 **시** 市, 마당 **장** 場) : 여러 가지 상품을 사고파는 일정한 장소.
- 시민(저자 **시** 市, 백성 **민** 民) : 그 시에 사는 사람.

⊙ 그럴 **연** 然

- 자연(스스로 **자** 自, 그럴 **연** 然) : 사람의 힘이 더해지지 않고 세상에 스스로 있거나 저절로 이루어지는 것.

◉ 빛 **색** 色

- 색칠(빛 **색** 色, 옻 **칠** 漆) : 색깔이 나게 칠을 함.
- 색감(빛 **색** 色, 느낄 **감** 感) : 색에 대한 감각.

◉ 평평할 **평** 平

- 평화(평평할 **평** 平, 화할 **화** 和) : 평온하고 화목함.
- 평범(평평할 **평** 平, 무릇 **범** 凡) : 뛰어나거나 색다른 점이 없이 보통임.

◉ 편할 **편** / 똥 · 오줌 **변** 便

- 변소(똥 · 오줌 **변** 便, 바/곳 **소** 所) : 대소변을 보도록 만들어 놓은 곳.
- 편리(편할 **편** 便, 이로울 **리** 利) : 편하고 이로우며 이용하기 쉬움.
- 편법(편할 **편** 便, 법 **법** 法) : 정상적인 절차를 따르지 않은 간편하고 손쉬운 방법.

사회

- 장소(마당 **장** 場, 바/곳 **소** 所) : 어떤 일이 이루어지거나 일어나는 곳.
- 평지(평평할 **평** 平, 땅 **지** 地) : 바닥이 편편한 땅.
- 시장(저자 **시** 市, 마당 **장** 場) : 여러 가지 상품을 사고파는 일정한 장소.

국어

- 문자(글월 **문** 文, 글자 **자** 字) : 인간의 의사소통을 위한 시각적인 기호 체계.
- 문법(글월 **문** 文, 법 **법** 法) : 말의 구성 및 규칙을 연구하는 학문.

과학

- 수동식(손 **수** 手, 움직일 **동** 動, 법 **식** 式) : 손의 힘만으로 움직여서 사용하도록 되어 있는 방식.

1 다음 만화를 보고 밑줄 친 漢字(한자)의 讀音(독음)을 쓰세요.

(1) (   ) (2) (   )

2 다음 만화를 보고 밑줄 친 漢字(한자)의 讀音(독음)을 쓰세요.

(1) (   ) (2) (   )

한자의 훈 · 음 쓰기

3 아래 만화에 있는 漢字(한자)의 訓(훈 : 뜻)과 音(음 : 소리)을 쓰세요.

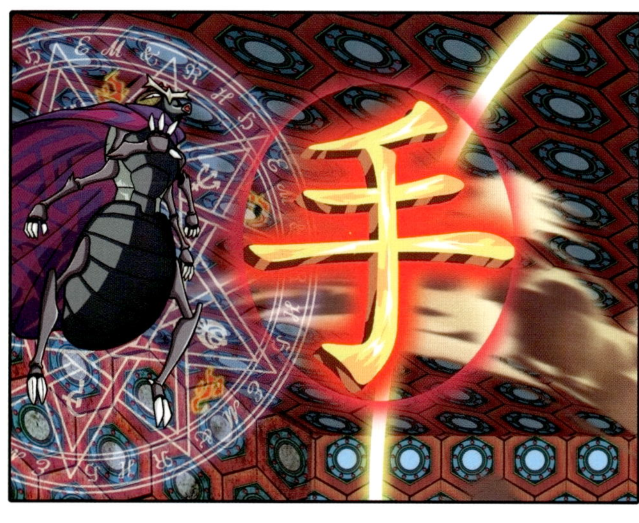

(   )

4 아래 만화에 있는 漢字(한자)의 訓(훈 : 뜻)과 音(음 : 소리)을 쓰세요.

(   )

5 다음 한자의 ㉠획의 쓰는 순서를 아래에서 찾아 번호를 쓰세요. ·················· (   )

① 첫 번째 ② 두 번째
③ 세 번째 ④ 네 번째

6 다음 한자의 ㉠획의 쓰는 순서를 아래에서 찾아 번호를 쓰세요. ················ (   )

① 첫 번째 ② 두 번째
③ 세 번째 ④ 네 번째

단어에 알맞은 한자 찾기

7 다음 만화를 보고 밑줄 친 말에 해당하는 漢字(한자)를 **보기** 에서 찾아 번호를 쓰세요.

보기　① 洞　② 紙　③ 文　④ 平

(1) 종이 (　　　　　)

(2) 평평하다 (　　　　　)

8 다음 만화를 보고 밑줄 친 말에 해당하는 漢字(한자)를 **보기** 에서 찾아 번호를 쓰세요.

보기　① 面　② 手　③ 字　④ 色

(1) 색 (　　　　　)

(2) 글자 (　　　　　)

뜻에 알맞은 한자 찾기

9 빈칸에 알맞은 漢字(한자)를 보기 에서 찾아 번호를 쓰세요.

보기   ① 市 ② 洞 ③ 場 ④ 所

(1)

(2)

(3)

(4)

공통으로 쓰인 한자 찾기

10 밑줄 친 ㉠과 ㉡에 공통으로 쓰이는 漢字(한자)를 〔보기〕에서 찾아 번호를 쓰세요.

〔보기〕 ① 平 ② 然 ③ 場 ④ 市

(1)

(   )

(2)

(   )

필순 미로 탈출

뿌듯해~!
다음 권에서도 한자 공부 열심히 해요!

필순 따라 출발!
食
도착!
食
市
令
邑
食
今
面

24~29쪽 급수 한자 실력 쌓기

1 (1) 식 (2) 장　**2** (1) 소 (2) 동　**3** 손 수　**4** 종이 지　**5** ②　**6** ③　**7** (1) ② (2) ④　**8** (1) ④
(2) ③　**9** (1) ① (2) ③ (3) ② (4) ④　**10** (1) ③ (2) ①

풀이

1 (1) 食 : 먹을 **식** (2) 場 : 마당 **장**

2 (1) 所 : 바/곳 **소** (2) 洞 : 고을 **동**

3 手 : 손 **수**

4 紙 : 종이 **지**

5 邑 : 고을 **읍** (`ˋ ㅁ ㅁ ㅁ 무 뮤 뮴 邑`)

6 面 : 낯 **면** (`ㅜ ㅜ ㅜ 丏 而 而 而 面 面`)

7 (1) 紙 : 종이 **지** (2) 平 : 평평할 **평**

8 (1) 色 : 빛 **색** (2) 字 : 글자 **자**

9 (1) 市 : 저자 **시** (2) 場 : 마당 **장** (3) 洞 : 고을 **동** (4) 所 : 바/곳 **소**

10 (1) 場 : 마당 **장** (2) 平 : 평평할 **평**

30~31쪽 필순 미로 탈출